Michael Kibler

Darmstadt
zu Fuß

Die schönsten Sehenswürdigkeiten
zu Fuß entdecken

SOCIETÄTS
VERLAG

Die Angaben und Informationen in diesem Buch sind aktuell recherchiert und vor Drucklegung sorgfältig überprüft worden. *Sie erheben jedoch keinen Anspruch auf Vollständigkeit zum Zeitpunkt der Veröffentlichung.* Trotzdem ist darauf hinzuweisen, dass sich Telefonnummern, Öffnungszeiten und andere Angaben im Lauf der Zeit ändern können. *Weder der Autor noch der Verlag übernehmen trotz größtmöglicher Sorgfalt Verantwortung und Haftung für eventuelle Fehler.*

Die Zeichen und ihre Bedeutung

🟢 S-Bahn
🚋 Straßenbahn
🚌 Buslinien

 Kinderspaß ist garantiert

Alle Rechte vorbehalten • Societäts-Verlag
© 2012 Frankfurter Societäts-Druckerei GmbH
Satz: Nicole Ehrlich, Societäts-Verlag
Umschlaggestaltung: Nicole Ehrlich, Societäts-Verlag
Umschlagabbildung: © Scotshot65 - Fotolia.com
Druck und Verarbeitung: freiburger graphische betriebe
Printed in Germany 2012

ISBN 978-3-942921-78-7

Inhalt

Vorwort

Beamtenstadt, Großstadt im Walde, Stadt der Künste, Wissenschaftsstadt – Darmstadt wurde und wird mit vielen Etiketten versehen. Eines ist klar: Nach den Kriegszerstörungen kann die ehemalige Residenzstadt nicht mehr mit einer pittoresken Altstadt aufwarten. Dennoch: Die Spuren der Vergangenheit zeigen sich an vielen Ecken, oft im Verborgenen. Und sie geben dieser Stadt die Wurzeln, ohne die ihr Wachsen in Richtung Moderne undenkbar wäre. Es ist die Stadt der Künste, mit Museen, Galerien und natürlich den Exponaten des Jugendstils, die Darmstadt zum Magneten für Kunstliebhaber aller Herren Länder macht. Es ist die Wissenschaftsmetropole, von der aus die europäischen Satelliten gesteuert werden und nach der ein Element des Periodensystems benannt worden ist. Und es ist die Stadt im Walde, voller Grün, wie schon ein oberflächlicher Blick bei Google Earth offenbart.

Aber Darmstadt ist auch eine liebenswerte Stadt, voller Originale, versteckter heimeliger Ecken und voller Geschichte und Geschichten. „Darmstadt zu Fuß" lädt dazu ein, auch die versteckten Ecken der Residenzstadt zu entdecken. Ob bei einem Spaziergang auf den Spuren der Altstadt, bei einem Gang entlang der Jugendstil-Sehenswürdigkeiten, bei einem Blick auf die Industriegeschichte oder die Kriminalgeschichte der Stadt – insgesamt sechs abwechslungsreiche Routen bringen Ihnen das Herz der Stadt näher. Der Service-Teil bietet dann noch weitere Informationen für Wissensdurstige satt.

Machen Sie sich auf, die Geschichten hinter der Geschichte zu entdecken. Lernen Sie eine liebenswerte Stadt kennen und lieben. Viel Spaß!

Der Autor und der Verlag

Auf Datterichs Spuren im alten Darmstadt

Auf Datterichs Spuren
im alten Darmstadt

„Bezahle, wenn mer Geld hat, des is kah Kunst, aber bezahle, wenn mer kahns hat, des is e Kunst …" Der Lebenskünstler und Schnorrer Datterich ist vorlaut, schlitzohrig, immer auf seinen Vorteil bedacht – und er ist Darmstadts Maskottchen. Gaststätten sind nach ihm benannt, regionale Speisen und sogar ein Straßenbahn-Museumszug – der Datterich ist allgegenwärtig. Dabei existiert er nur zwischen Buchdeckeln und auf den Brettern der regionalen Bühnen: Der Schriftsteller Ernst Elias Niebergall (1815 bis 1843) hat die gleichnamige Lokalposse 1841 den Darmstädtern geschenkt. Seitdem hat die Figur oft Gestalt angenommen. Schauspieler wie Heinz Schenk oder Robert Stromberger haben ihn lebendig werden lassen.

Länge: Gut 1,5 Kilometer
Strecke: Laufen durchs Stadtgebiet – wenig Steigungen, aber eine Rolltreppe.

Anfahrt:
- F, H, K, L, Haltestelle „Schloss"
- 2, 3, 9, Haltestelle „Schloss"

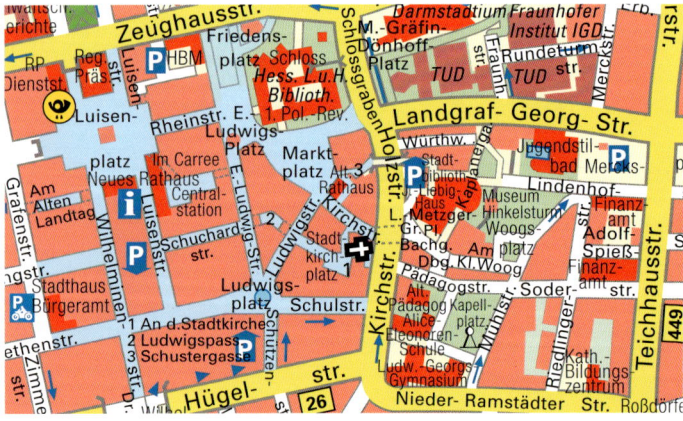

Der seltsame Name wird verständlich, wenn man seine Herkunft kennt: Vorbild für den Helden war der Kanzleigehilfe Friedrich Hauser. Weder sein Charakter noch seine „Physionomie" gleichen der Hauptperson des Stücks. Gemeinsam hatten sie jedoch die profunde Liebe zum Alkohol. Und wenn Hauser zu viel getrunken hatte, fingen seine Hände an zu zittern. Er bekam also – hessisch gesprochen – einen „Datterich".

Der Datterich – Darmstadts Lokalheld

Das Stück spielt im Darmstadt der Biedermeierzeit – der Titelheld steht damit für die „Altstadt" Darmstadts. Die wurde im Krieg jedoch völlig zerstört. Dennoch finden sich Spuren der alten Residenzstadt an vielen Stellen.

Das alte Rathaus am Marktplatz

Der Marktplatzbrunnen

Um ein wenig das Flair der Stadt zu spüren, empfiehlt sich zunächst ein Blick vom Darmstädter Schloss auf den **Marktplatz**. Mit ein bisschen Glück scheint dort die Sonne. Vormittags wird mehrmals in der Woche Markt gehalten – übrigens schon seit fast 700 Jahren. Händler bieten Gemüse, Obst und Blumen feil, Bauern aus dem Umland ihre eigenen Erzeugnisse. Auch Brot, Fleisch, Wurst und leckere Antipasti finden ihre Käufer. Heute ist der Marktplatz auch wieder von Cafés gesäumt – sodass es sich lohnt, ein wenig zu entspannen und das bunte Treiben auf sich wirken zu lassen.

Schön, dass es hier friedlich zugeht – was nicht immer der Fall war: Hier wurde gehängt, geköpft und erschossen, lange Zeit war der Marktplatz zentraler Ort der Gerichtsbarkeit. Hier fanden vermutlich auch die Hexenverbrennungen statt.

Das **Schloss** selbst will entdeckt werden. Es war der Regierungssitz von Landgrafen und Großherzögen seit dem 16. Jahrhundert. Die prächtige Anlage entwickelte sich aus einer kleinen Wasserburg im 13. Jahrhundert. Es lohnt, einfach durch die Höfe zu streifen und die verschiedenen Bauten auf sich wirken zu lassen. Sie zeigen ein Sammelsurium verschiedenster Baustile vom 16. Jahrhundert bis ins 19. Jahrhundert. Grund für den immer noch vorhandenen Stil-Mix: Landgraf Ernst Ludwig dachte, es sei eine gute Idee, das Potpourri verschiedener Baustile komplett abzureißen und sich einen gigantischen Barockbau à la Versailles zu gönnen. Architekt Louis Remy de la Fosse plante eine Residenz von zwei Fußballfeldern Fläche mit einem 75 Meter hohen Turm. 1716 wurde der Grundstein gelegt. Da Ernst Ludwig nach Vollendung der Südfront und eines Teils der Westfront das Geld ausging, blieb der alte Teil des Schlosses – zum Glück – unangetastet.

Das Schloss ist das Zentrum Darmstadts

Wäre es nach Landgraf Ernst Ludwig gegangen, sähe das Darmstädter Schloss heute so aus

Auch Darmstadts Stadtplaner Georg Moller wollte die alten
Teile des Schlosses gut 100 Jahre später abreißen und de la Fos-
ses Entwurf in abgespeckter Version vollenden. Doch auch dieses Projekt wurde nie realisiert. Was dem Landgraf und dem
Planer nicht gelang, vollbrachten 1944 britische Bomber: Das
Schloss brannte im Feuersturm völlig aus. Doch schon ab 1946
wurde es fast unverändert wieder aufgebaut. Es sollte 22 Jahre
dauern, bis dieser Aufbau vollendet war.

Darmstadt nach dem 11.9.1944 – die Altstadt existiert nicht mehr

Hintergrund: 9/11

Fragt man ältere Darmstädter, was am 11. September geschah, wird der Einsturz des World Trade Centers in New York 2001 oft an zweiter Stelle genannt. Für viele Darmstädter steht die „Brandnacht" an erster Stelle im Gedächtnis. In jener Nacht, 57 Jahre vor dem Anschlag in Amerika, versank Darmstadt durch einen Bombenangriff der Engländer in Schutt und Asche. Ein Feuersturm vernichtete 1944 die komplette Altstadt, 75 Prozent der Kernstadt wurden zerstört, 10.000 Menschen verloren ihr Leben.

Nach Kriegsende wurden die meisten Ruinen abgebrochen, wodurch bis auf wenige Ausnahmen praktisch alle historischen Bauwerke von kunstgeschichtlichem Wert – darunter sämtliche Adels- und Bürgerhäuser, das Kasino, das Kleine Theater, das Ständehaus, die Kasernen, der Neue Fürstenhof, das Alte und das Neue Palais – in der Innenstadt verloren gingen.

Über den Marktplatz geht es zum **Alten Rathaus**. Nicht nur der Bürgermeister weilte in dem 1598 erbauten Haus. Auch zum Tode Verurteilte warteten im „Arme-Sünder-Stübchen" unterm Dach auf die Vollstreckung des Urteils. Eine wichtige Rolle spielte das Rathaus auch bei Finanzkrisen: Es beherbergte das Tafelsilber – 1982 etwa 29 Trinkgefäße –,

Die Darmstädter Elle (rechts neben dem Eingang zum Treppenhaus) – zumindest zeitweilig das Maß aller Dinge

die, wenn es mal klamm wurde im Stadtsäckel, hin und wieder verpfändet wurden.

Heute noch zu sehen ist die „**Darmstädter Elle**", außen an der rechten Seite des Portals des Treppenturms angebracht. Sie ist 60 Zentimeter lang und unterteilt in 24 Zoll. Zwischen 1817 und der Einführung des Metermaßes 1872 war die Darmstädter Elle das Maß aller Dinge – zumindest für Handel und Gewerbe im Herzogtum. Heute schallt aus dem alten Rathaus zumeist das Wort „Ja" – es wird als Standesamt genutzt.

Durch die schmale Passage nach Osten, vorbei am Musikhaus Crusius, gelangt man per Rolltreppe auf den Kleinschmidtsteg. Von dort sieht man es besonders gut: das einzige Haus der Altstadt, das die Brandnacht überlebt hat – die **Goldene Krone**. Seit dem 17. Jahrhundert ist es ein Gasthaus. Nach dem Krieg war es kurzzeitig auch ein amerikanischer Club. 1975 wurde es zum Treffpunkt der Jugend und der Musikbegeisterten: Dort fanden und finden sich Disko, Kneipe, Rock-, Jazz- und Popkonzerte.

Die Goldene Krone – einziges unversehrtes Haus der Brandnacht

Der Datterichbrunnen lädt ein zum Spielen

Der Weg führt weiter zum Justus-Liebig-Haus, in dem die Stadtbibliothek ihr Zuhause hat. Davor steht der **Datterichbrunnen**. So heißt er, wenn auch nirgends Wasser fließt. Er zeigt Szenen aus der Darmstädter Lokalposse. Der Aachener Bildhauer Bonifatius Stirnberg hat ihn 1982 errichtet und ihn ursprünglich als Brunnen konzipiert. Zunächst stand er vor dem Luisencenter (siehe Seite 27). 1996, nach dem Umbau des Kaufhauses, hat er seinen Platz vor der Bücherei gefunden. Der Clou: Alle Figuren sind beweglich. Arme, Beine und Kopf können in verschiedene Positionen verschoben werden. Probieren Sie es aus. Aber bitte: vorsichtig!

Nun erreichen wir den **Hinkelsturm**, einer der beiden noch erhaltenen Türme der Stadtmauer. Von der ist ebenfalls ein kleiner Rest erhalten. An dieser Stelle kann man sehr schön sehen, wie die Altstadt einmal ausgesehen hat. Dazu gibt es zwei Möglichkeiten. Die erste: Ein simpler Blick auf den Boden. Darin eingelassen ein Plan der Altstadt, von Christian Häussler in Metall erstellt. Mit Schloss und Stadtkirche als Orientierungs-

Das Altstadtmuseum im Hinkelsturm ist einen Besuch wert

punkten kann man sich eine erste, vage Vorstellung machen, wie das ursprüngliche Darmstadt einmal ausgesehen hat.

Wer es genauer wissen will, erklimmt die Stufen zum **Hinkelsturm**. Im Krieg ebenfalls ausgebrannt, halfen im letzten Jahrzehnt des vorigen Jahrtausends viele fleißige Hände, im Gemäuer ein Museum entstehen zu lassen. Im Mai 1997 war es so weit – das **Altstadtmuseum** wurde eröffnet. Das zweitkleinste Museum Darmstadts ist seither gut besucht: Gerechnet in „Besucher pro Quadratmeter", besuchen es mehr Menschen als das Deutsche Museum in München.

> **Hintergrund: Der „Heiner"**
> … so heißen alle echten Darmstädter. Die, die mit Woogswasser getauft sind (siehe Spaziergang 6). Und die noch „echten Darmstädter Dialekt" sprechen. Früher gehörte wahrscheinlich auch noch eine Adresse in der Altstadt dazu. Woher der Name wirklich kommt, weiß keiner so recht. Aber eins ist gewiss: Von einem Darmstädter zu hören, man sei wie „an eschde Heiner", das kommt einer hohen Auszeichnung gleich!

Highlight des Museums – neben vielen Exponaten, Postkarten und einem Film – ist das Altstadtmodell, ebenfalls von Christian Häussler im Maßstab 1:160 erbaut. Die naturalistische Darstellung mit Fachwerk und Altersspuren an Dächern und Fassaden wurde für eine lebendige Wiedergabe der baulich sehr dichten Altstadt gewählt.

Hier kann man sich noch ein Bild von der Altstadt machen

Altstadtmuseum Hinkelsturm
Lindenhofstraße
Darmstadt
www.frk-stadtmuseum-darmstadt.de

Öffnungszeiten:
Von April bis Ende Oktober, jeweils samstags und sonntags von 14 bis 16 Uhr

Eintritt:
€ 1,50, Schüler und Studenten € 0,75

Der Niebergall-Brunnen in seinem ursprünglichen Umfeld: der Insel

Um das Justus-Liebig-Haus – die Stadtbibliothek – herum gelangen wir auf dessen Südwest-Seite. Dort sehen wir, etwas versteckt, den **Niebergall-Brunnen**, der seit 1930 dort seinen Platz hat. Die Umgebung um ihn herum hat sich jedoch völlig verändert. Hier befand sich in der Altstadt die sogenannte „**Insel**", ein Platz, wenn nicht der Platz, des öffentlichen Lebens.

Einen Blick wert ist auch die Skulptur „Der Buchhändler" von Michael Schwarze – sehr gut passend zum Geschehen in der Bibliothek.

Durch die Unterführung gehen wir zu einem weiteren bedeutenden Gebäude. Das Hotel **Bockshaut** schaut auf eine lange Tradition zurück. 1580 erbaut, war es zunächst einmal das Haus des Pfarrers, passend, da neben der Kirche gelegen.

Aus dieser Zeit sind immer noch die Kellergewölbe original erhalten – wenn auch leider nicht zu besichtigen. Einer der großen Köpfe Deutschlands wurde 1805 in diesem Haus geboren, Georg Gottfried Gervinus. Er war später einer der berühmten „Sieben Göttinger Professoren" und einer der großen Redner bei der Frankfurter Nationalversammlung 1848/49 in der Paulskirsche – die Wiege der deutschen Demokratie.

„Der Buchhändler" vor der Stadtbibliothek

Die Bockshaut ist eines der ältesten Gasthäuser Darmstadts

67 Jahre später liegt wieder ein berühmter Mensch in diesem Haus im Kinderbettchen: der Bildhauer Ludwig Habich. Er schuf unter anderem die Kolossalfiguren „Mann und Frau" am Eingang des Ernst-Ludwig-Hauses auf der Mathildenhöhe (siehe Seite 36) und das Goethe-Denkmal im Herrngarten (siehe Seite 59). Heute ist die Bockshaut das älteste Hotel-Restaurant der Stadt Darmstadt.

Hintergrund: Wo liegt eigentlich Darmstadt?
Klar, zwischen Frankfurt im Norden und Mannheim im Süden. Doch das ist nicht das einzige Darmstadt auf der Welt. Allein in der Ukraine lagen sechs „Darmstadts" oder „Neu-Darmstadts", alle im deutschen Wolga-Gebiet. Diese Landstriche wurden im 18. und 19. Jahrhundert von deutschen Auswanderern besiedelt. All die ukrainischen Darmstadts sind inzwischen jedoch ausgestorben oder tragen russische Namen. Dennoch: Auch in Illinois in den USA gibt es ein Darmstadt. Das heißt zwar so, ist aber inzwischen zum Stadtteil der Gemeinde Lenzburg degradiert worden. Aber ein echtes, zweites, noch selbständig existierendes Darmstadt gibt es in Indiana, ebenfalls in den USA. Zwar hat der Ort erst 643 Jahre nach Darmstadt/Germany die Stadtrechte erhalten. Aber es leben auch nur etwa 1.300 Menschen dort. Ihr Ortsfest nennen sie die „Darmstadt-Tage" und man stillt Hunger und Durst im „Darmstadt Inn". Und das liegt – auf der „Darmstadt Road".

Die Stadtkirche: ein Ort der Ruhe

Neben der Bockshaut steht die **Darmstädter Stadtkirche**. Schon 1369 erhielt sie den Rang einer Pfarrkirche: Aus der kleinen Marienkapelle, auf die heute noch ein Schlussstein im Chorraum hinweist, wurde eine stattliche Kirche. Vom Friedhof, der sie einst umgab, ist heute nichts mehr zu sehen. Für die Geschichte Darmstadts spielt die Kirche eine gewichtige Rolle: In der Gruft liegen fast alle Landgrafen und ihre Familien begraben.

Für die Gegenwart wichtiger ist der Turm: Er ist der zweithöchste Turm Darmstadts und zudem „Trigonometrischer Punkt Nr. 1". Das heißt, er ist das Zentrum Darmstadts: Bei allen Entfernungsberechnungen von und nach Darmstadt steht er wortwörtlich im Mittelpunkt. Von der Plattform aus bietet sich ein herrlicher Rundblick über Darmstadt, Rheinhessen, den Taunus und die Rhein-Main-Region.

Die Stadtkirche
Kirchstraße 11
64283 Darmstadt

Öffnungszeiten:
Di. – Fr. 9 – 16 Uhr, Mo. und Sa. 9 – 12 Uhr zur freien Besichtigung

Turmaufstieg und Gruftbesichtigung nur an bestimmten Tagen im Jahr. Termine im Veranstaltungskalender auf der Internetseite:
www.stadtkirche-darmstadt.de

Die Ludwigstraße, heute Fußgängerzone, führt uns zum **Ludwigsplatz**. Darauf steht das **Bismarck-Denkmal**. Der ehemalige Reichskanzler wurde schon 1890 – acht Jahre vor seinem Tod – zum Ehrenbürger der Stadt ernannt.

Die Elisabethenstraße führt weiter zwischen Geschäften hindurch, befreit von Durchgangsverkehr. Vom „alten Darmstadt" ist hier nicht viel zu spüren – aber ein Espresso, ein Cappuccino oder ein „Burger" laden zum Pausemachen ein.

Die Wilhelminenstraße – einstige Prachtstraße Darmstadts – führt nach links zur Kirche **Sankt Ludwig**. Die steht auf dem ehemaligen „Schießberg", einer der frühen Richtstätten in Darmstadt. Der runde Kuppelbau ist die erste katholische Kirche Darmstadts. Im Volksmund heißt sie „Käsglock'". Dabei hatte Baumeister Georg Moller eher das Pantheon in Rom vor Augen, als er die Kirche 1822–1827 errichten ließ. Das römische Original hat einen Innendurchmesser von 43 Metern. Die Kirche St. Ludwig kommt „nur" auf 33 Meter. Doch sie hat gegenüber dem Vorbild einen entscheidenden Vorteil: Während das Pantheon im Dach ein Loch von neun Metern Durchmesser hat, dringt durch die entsprechende Glasöffnung von St. Ludwig nur Licht, nicht Wasser.

Nach fast vollständiger Zerstörung im Krieg ist St. Ludwig 1954/55 wieder aufgebaut worden. 2005 wurde die Innensa-

Dem ehemaligen Reichskanzler Bismarck wurde auch in Darmstadt ein Denkmal gesetzt

St. Ludwig – ein kleines Pantheon

Denkmal für eine engagierte Frau: Großherzogin Alice von Hessen und bei Rhein, die Mutter Ernst Ludwigs.

nierung abgeschlossen. Und ein Konzert auf der zeitgleich eingebauten Winterhalter-Orgel ist – ohne Übertreibung – eine Reise wert.

Vor der Kirche auf dem Wilhelminenplatz steht das **Denkmal für Großherzogin Alice von Hessen und bei Rhein**. Sie war die zweite Tochter der britischen Königin Victoria (1819 bis 1901) und heiratete Großherzog Ludwig IV. Die beiden sind die Eltern von Großherzog Ernst Ludwig (siehe Spaziergang 2). Dass die „königliche Hoheit" nicht nur wohltätigen Komitees vorstehen wollte, sondern selbst Hand anlegte, war ungewohnt. In Darmstadt gründete sie 1867 gemeinsam mit Luise Büchner – Schwester des Schriftstellers Georg Büchner – den nach ihr benannten Kranken- und Armenpflegeverein (Alice-Frauenverein). Großherzogin Alice und Luise Büchner entwickelten zudem den Ausbildungsberuf der Krankenpflegerin ohne konfessionelle Bindung. Unter tatkräftiger Mitwirkung der Prinzessin entstand das Alice-Hospital Darmstadt (Bild Seite 118). 1872 fand auf Alices Einladung in Darmstadt die erste „Generalversammlung deutscher Frauen- und Erwerbsvereine" statt, bei dem es unter anderem um Frauenerwerbsarbeit bei der Post, der Eisenbahn und im Telegraphendienst ging.

Warum steht das Denkmal für eine so patente Frau so weit ab vom Schuss? Wieder ist die Erklärung in der Zerstörung der Brandnacht zu suchen. Dort, wo Sie heute auf die Parkanlage vor dem neuen Staatstheater blicken, stand früher das **Neue Palais**. Es wurde 1863 für die großherzogliche Familie gebaut. Das Denkmal stand direkt davor. Nach dem Tod der letzten großherzoglichen Familie nutzte die Stadt das Gebäude unter anderem als Standesamt. Ab 1942 hatte auch die Gestapo hier ihren Sitz. 1944 blieben nur Mauerreste stehen, die bald abgerissen wurden.

Die Wilhelminenstraße gen Norden führt auf den **Luisenplatz**. Er ist das Stadtzentrum Darmstadts, wie auch ein flüchtiger Blick schnell klarmacht. Fast alle innerstädtischen Bus-

Das Neue Palais: Wohnstatt von Alice und Ludwig IV.

Der Luisenplatz – das Herz der Stadt

und Straßenbahnlinien kreuzen sich hier. Mittelpunkt des Platzes ist das **Ludwigs-Monument** – im Volkmund nur der „Lange Lui" genannt. 1844 wurde es vom Volk gestiftet, denn der Großherzog war bei seinen Untertanen äußerst beliebt. Unter anderem hatte er 1820 die Verfassung für das Großherzogtum Hessen verabschiedet.

Durch die Säule führt eine Wendeltreppe über 172 Stufen zur Aussichtsplattform. Wer schwindelfrei ist, kann von dort einen fantastischen Rundblick genießen. Für die Öffnungen ist das Deutsche Rote Kreuz verantwortlich. Öffnungsdaten finden Sie auf der Webseite: www.drk-darmstadt-mitte.de/lui

Hintergrund: Ludwig, Luise und Napoleon – wer hat den Durchblick?
Der Luisenplatz wurde benannt nach Luise, Großherzogin von Hessen und bei Rhein. Sie lebte von 1761 bis 1829. Oben auf dem Ludwigs-Monument steht jedoch Landgraf Ludwig der X. (1753 bis 1830) – was hat ein Landgraf mit einer Großherzogin zu tun? Napoleon gibt die Antwort. Dem französischen Kaiser gegenüber verhielt sich der Landgraf –

wenn auch nicht immer freiwillig – sehr loyal. Lohn dafür: Aus dem Landgrafen Ludwig X. wurde über Nacht Ludwig I. – seines Zeichens nun statt Landgraf der erste Großherzog. Und übrigens seit 1777 Gatte der Dame, die dem Platz, über dem er thront, den Namen verliehen hat. Alles klar?

Shoppen lässt es sich trefflich rund um den Luisenplatz, besonders im **Luisencenter**. An seinem Platz stand bis Kriegsende das **Alte Palais**, ehemaliger Wohnsitz der Fürsten, später Repräsentationsgebäude, Gästehaus und zeitweilig Sitz der Landesregierung.

Daneben, heute das Gebäude der Deutschen Bank, stand das **Hotel „Traube"**, dessen Wurzeln bis 1664 zurückreichen. Bis zum Zweiten Weltkrieg zählte die Traube zu den vornehmsten Adressen in Darmstadt. Komponist Max Reger oder der Dichter Matthias Claudius logierten hier.

Gegenüber dem Luisencenter, ehemals architektonisch stimmig zum Alten Palais, steht das **Kollegiengebäude**, 1825 von

Darmstadt.
es Großherzogl. Palais.

Lange Wohnsitz der großherzoglichen Familie: Das Alte Palais stand dort, wo heute das Luisencenter steht

Im Kollegiengebäude: Sitz des Regierungspräsidiums

Monument der ehemaligen Stadtbefestigung: der Weiße Turm

Georg Moller gebaut, wurde es nach dem Krieg wieder restauriert. Seit 1953 befinden sich dort große Teile des Regierungspräsidiums.

Von hier sind es nur noch ein paar Schritte zurück in Richtung Schloss. Rechter Hand sehen wir den **Weißen Turm**. Er war einst Wehrturm nach Westen in der Stadtmauer. Nachdem diese Ende des 17. Jahrhunderts an Bedeutung verlor und stellenweise eingerissen wurde, wurde der Turm um ein Stockwerk erhöht. Schon seit 1738 ist die Bezeichnung „Weißer Turm" dokumentiert.

Die Stadt veränderte sich, der Turm stand – im Weg. Er wurde zum ungeliebten Verkehrshindernis für Straßenbahnen, Busse und

Autos. Mehrfach wurde sein Abriss gefordert. Das Land Hessen ließ den im Krieg zerstörten Turm jedoch wieder aufbauen. Seit 1997 nutzt ihn der „Freundeskreis Weißer Turm" für kulturelle Veranstaltungen. 2002 kaufte die Stadt den Turm vom Land zurück. Von Abriss redet heute zum Glück niemand mehr.

Gegenüber dem Turm steht das Denkmal von Großherzog Ludwig IV. – Gatte von Alice (siehe Seite 24). Mit seinem Blick in Richtung Weißer Turm bewacht er ihn schon seit Jahrzehnten.

Wir gehen wieder zurück vor das Schloss.

Ludwig IV. – Vater von Ernst Ludwig, dem letzten Großherzog von Hessen und bei Rhein

Und wer jetzt – wie der Datterich – „so e verschteckte Dorscht" hat, kann sich in einem der Cafés oder einer Gaststätte laben.

Großherzog Ernst Ludwig – oder: Wie der Jugendstil nach Darmstadt kam

Großherzog Ernst Ludwig – oder: Wie der Jugendstil nach Darmstadt kam

Großherzog Ernst Ludwig – der letzte Monarch Hessens. Wie kein Herzog vor ihm versuchte er, Darmstadt zur Stadt der Kunst zu machen. Mit der Mathildenhöhe hat er ein Gesamtkunstwerk von weltweitem Ruf initiiert. Dieser Platz und die Rosenhöhe, auf der er auch begraben wurde, waren ihm die liebsten Plätze.

„Mein Hessenland blühe und in ihm die Kunst" – mit diesen Worten legte der damals erst 31-jährige Ernst Ludwig den Grundstein für die Künstlerkolonie auf der Mathildenhöhe. Bislang war diese ein hübscher Landschaftspark gewesen, geschmückt mit Pavillons und Gartenhäuschen. Er lag außerhalb der Stadtmauern und galt eher als Geheimtipp für Spaziergänger. Das sollte sich ändern. Während der vierzehn Jahre ihres Bestehens ermöglichte es der Großherzog jeweils sieben wechselnden Künstlern, völlig autonom ein Gesamtkunstwerk zu schaffen, aus Gebäuden, Gärten und Skulpturen – frei von materieller Not. Ernst Ludwig sah in der Kolonie jedoch nicht nur einen künstlerischen Elfenbeinturm, sondern war bestrebt, künstlerische Ambitionen mit volkswirtschaftlichen Bestrebungen zu verbinden.

Länge: Gut 2,5 Kilometer
Strecke: Laufen durch Parks – moderate Steigungen.

Anfahrt:
F, Haltestelle „Mathildenhöhe"

Unser Rundgang startet vor dem Wahrzeichen der Mathildenhöhe – und letztlich Darmstadts: dem **Hochzeitsturm**. Er erinnert an die Hochzeit von Großherzog Ernst Ludwig mit Eleonore zu Solms-Hohensolms-Lich im Jahre 1905. Das war bereits die zweite Hochzeit des Herzogs. 1894 hatte er seine Cousine Victoria Melita von Edinburgh geheiratet. 1901 ließ er sich jedoch scheiden – in adligen Kreisen ein eher ungewöhnlicher Schritt. Die zweite Ehe hielt bis zu seinem Tod.

Der Hochzeitsturm erlitt durch die Bomben des Krieges starke Zerstörungen. Erst nach 1983 wurde er grundlegend renoviert. Und seit 1993 macht er seinem Namen alle Ehre: Als Außenstelle des Standesamtes können Darmstädter hier den Bund der Ehe schließen.

Großherzog Ernst Ludwig – ein Förderer der Kunst und des Landes Hessen

Hintergrund:
Die Jugendstilausstellungen
Viermal zeigten die auf der Mathildenhöhe lebenden Künstler der Welt, was sie geschaffen hatten, in jeweils unterschiedlich konzipierten Ausstellungen. 1901 präsentierten sie ihre eigenen Wohnhäuser mit aufwendiger Innendekoration. 1904 ging es etwas sparsamer zu mit Beispielen für ein gutbürgerliches Eigenheim. 1908 zeigten auch

Ein Geschenk zur Hochzeit des Großherzogs: der Hochzeitsturm

andere hessische Künstler ihr Können, 1914 entstand ein neues, großes Mietshaus für Arbeiter. Wegen Ausbruchs des Ersten Weltkriegs wurde diese letzte Ausstellung vorzeitig beendet.

Die erste Ausstellung der Künstlerkolonie 1901 – hier auf einer Postkarte

Seit mehr als 100 Jahren im Dienste der Kunst: die Ausstellungshallen

Direkt an den Turm angebaut ist das **Ausstellungsgebäude**, ebenfalls 1908 fertiggestellt, rechtzeitig zur „Landesausstellung für freie und angewandte Kunst" – der dritten großen Ausstellung der Kolonie. Diese zeigte eine große Bandbreite des künstlerischen und handwerklichen Potenzials auch anderer Künstler aus Hessen. Ein Kritiker schrieb damals: „Die ganze Veranstaltung darf in der Hauptsache als vortrefflich gelungen bezeichnet werden. Wenn ihr besondere Sensationen fehlen, so ist das nur ein gutes Zeichen dafür, dass die Kunst sich dem Leben genähert hat." Und das war ganz im Sinne des Großherzogs.

Geheimtipp: Das Wasserreservoir
Das Gelände des Ausstellungsgebäudes war seinerzeit nicht unbebaut. Dreißig Jahre zuvor hatte man hier das städtische Wasserreservoir gebaut, am höchsten Punkt der Stadt. Die Ausstellungshallen wurden auf das Gebäude aufgesetzt. Das Reservoir diente noch bis 1994 zur Wasserversorgung der Stadt. Damit die Bausubstanz nicht austrocknet und spröde wird, ist immer noch etwas Wasser in den 4.500 Kubikmeter großen Becken. Heute kann es leider nur selten – im Rahmen besonderer Ausstellungen – besichtigt werden.

Vor dem Ausstellungsgebäude sieht man zwei Figuren von finster dreinblickenden Männern. Wer genau hinschaut, erkennt zwei weitere auf der Balustrade des Ausstellungsgebäudes. Das Quartett stammt von **Bernhard Hoetger** und heißt „Hass, Geiz Wut und Rache". Hoetger wurde 1911 zur Künstlerkolonie berufen. Seine Kunst findet sich an vielen Stellen auf dem Terrain wieder.

Das dunkle Geheimnis der Hallen: das alte Wasserreservoir

Hass – eine der Figuren von Bernhard Hoetger auf der Mathilden-höhe

Am Ausstellungsgebäude vorbei gelangt man zum **Ernst-Ludwig-Haus**, heute das „**Museum Künstlerkolonie**". Im Inneren wird ein Querschnitt durch das Schaffen der insgesamt 23 Künstler der Kolonie gezeigt, eingebettet in ihre 15-jährige Geschichte. Das Gebäude war das Atelier für die Künstler der ersten Stunde: Joseph Maria Olbrich, Hans Christiansen, Rudolf Bosselt, Peter Behrens, Patriz Huber, Paul Brück und Ludwig Habich.

Das Ernst-Ludwig-Haus, heute Museum der Künstlerkolonie (von Süden aus gesehen)

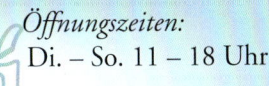

Museum Künstlerkolonie und Museumsshop:
Internet: www.mathilden-hoehe.info

Öffnungszeiten:
Di. – So. 11 – 18 Uhr

Vom Museum führt der Weg zu einem kleinen achteckigen Häus-chen, in dem heute der „Museums-shop" beherbergt ist. Von der Post-karte über Bücher bis zum Glas oder Leuchter findet das Jugendstilherz, was es begehrt.

Den Olbrichweg herunter gehen wir in Richtung Rosenhöhe. Schon von weitem ist das **Löwentor** zu erkennen, heute das Eingangsportal zur Rosenhöhe. Auf den sechs Säu-len steht jeweils ein Löwe, der mehr oder weniger grimmig auf die Besu-cher hinabschaut. Dem Grimm respektlos trotzend, nennen die Darmstädter die Löwen auch „Die

Der Museumsshop – Jugendstilbegeisterte kommen hier auf ihre Kosten

Das Löwentor – würdiger Eingang zur Rosenhöhe

Eine Allee führt zum Park

niesenden Igel". Entworfen haben sie Albin Müller und Bernhard Hoetger. Ursprünglich standen sie auf der Mathildenhöhe, auf dem Eingangsportal für die vierte Ausstellung der Künstlerkolonie 1914.

Durch das Löwentor hindurch schreitet man entlang einer wunderschönen Allee. Rechter Hand befinden sich einige Bungalows. Sie stammen aus den Sechzigerjahren, als die Stadt eine weitere Künstlerkolonie auf der Rosenhöhe einrichten wollte. Wenn auch nicht durch ein festes gemeinsames Konzept verbunden, haben sich dennoch einige bedeutende Künstler am und im Park angesiedelt. Am Ende der Allee, am Beginn des eigentlichen Parks, sehen wir ganz plastisch ein Beispiel dafür – ein Kunstwerk von Thomas Duttenhoefer mit dem Titel „Der Dichter als flüchtiger Erdengast". Es zeigt den 1999 verstorbenen Lyriker **Karl Krolow**, der auf der Rosenhöhe über Jahrzehnte gearbeitet und gelebt hat.

Folgt man dem geschwungenen Weg, stößt man auf das **Teehäuschen**. Es stammt aus der Zeit des Biedermeier, Architekt ist vermutlich Georg Moller. Um 1815 ließ Großherzogin Wilhelmine, die Gemahlin des Großherzogs Ludwig II. – Ernst Ludwigs Urgroßonkel –, den Park Rosenhöhe als Landschaftsgarten auf dem Gelände eines ehemaligen Weinberges anlegen. Pavillons und Gartenhäuser zierten den Park, luden ein spazieren zu gehen, in kleinen Tempeln Musik zu hören – oder eben im Teehäuschen einen Tee zu trinken. „Vor allen anderen lächelt mir dieser Erdenwinkel", schwärmte die Großherzogin seinerzeit.

Dem Fußweg folgend, kommt man zu dem Bereich des Parks, der dem sonnigen Erdenfleck einen Hauch Melancholie entgegensetzt: Zuerst sieht man das Neue Mausoleum, rechter Hand davon die Gräber unter freiem Himmel und dahinter das Alte Mausoleum.

Der Dichter Karl Krolow

Das Teehäuschen erlebte seine Blütezeit im Biedermeier

Das Neue Mausoleum auf der Rosenhöhe

Gehen wir zunächst zu den **Gräbern im Freien**. Hier ruht die Familie **Ernst Ludwigs**. Er starb im Oktober 1937 im Schloss Wolfsgarten. Er wollte im Freien bestattet werden und schrieb vor seinem Tode: „In meinem Garten möchte ich liegen … die Sterne blicken auf mein Grab." Wer auf die Grabsteine neben dem seinigen schaut, dem fällt auf, dass alle dasselbe Sterbedatum tragen: den 16. November 1937. Es war ein schwarzer Tag für die Familie. Ernst Ludwig hatte zwei Söhne, Donatus und Ludwig. Donatus, seine Mutter, seine Frau und zwei seiner Kinder flogen an diesem Tag nach England. Ludwig wollte nämlich einen Tag später Prinzessin Margaret in England heiraten – er war schon in London. Das Flugzeug mit Donatus und der Familie stürzte bei Steene nahe Ostende ab. Alle Fluggäste und die Besatzung kamen ums Leben. Am 23. November wurden die Toten auf der Rosenhöhe beigesetzt. Ludwig – ebenfalls unmittelbar neben der Grabreihe beigesetzt – starb 1968, seine Frau Prinzessin Margaret 1997. Mit ihr starb die Linie Hessen-Darmstadt aus.

Ein unscheinbares Einzelgrab zur Rechten ist die letzte Ruhestätte von **Johanna**, dem dritten Kind von Donatus. Sie starb ein Jahr nach der Flugzeugtragödie nur dreijährig an Meningitis.

Das auffälligste Grab ist jedoch jenes von **Elisabeth**, Tochter aus der ersten Ehe von Ernst Ludwig. Sie starb mit nur 8 Jahren an Typhus. Der lebensgroße, kniende Engel wacht über ihr. Er zeigt sehr deutlich, wie sehr Ernst Ludwig unter ihrem Tod gelitten hat. Ludwig Habich, Künstler der Künstlerkolonie, schuf die Plastik.

Im **Neuen Mausoleum** ruhen die Eltern von Großherzog Ernst Ludwig, Ludwig IV. und Alice, sowie seine Geschwister Marie und Friedrich Wilhelm, die ebenfalls als Kinder starben. Der Bau wurde 1910 von Karl Hofmann errichtet. Er ist dem Grabmal der römischen Kaiserin Galla Placidia (390 bis 450 n. Chr.) in Ravenna nachempfunden – in dem die Kaiserin allerdings gar nicht bestattet ist. Wie auch das Vorbild ist das Neue Mausoleum innen reichhaltig mit Mosaiken verziert. Franz Nager zeichnete verantwortlich für das reiche Goldmosaik der Kuppel, die Marmorbekleidung der Wände und die feinen Bildhauerarbeiten am Altar. Leider ist das Mausoleum der Öffentlichkeit nicht zugänglich.

Etwas versteckt durch ein kleines Wäldchen liegt das **Alte Mausoleum**. Es war die erste Grabstätte auf der Rosenhöhe und wurde 1826 von Georg Moller gebaut. Zunächst entstand nur der Mittelteil. Anlass war der Tod einer anderen Elisabeth, nämlich der Tochter von Ernst Ludwigs Urgroßtante

Das Grab des „Prinzesschens" Elisabeth, des Augensterns von Ernst Ludwig

und Rosenhöhen-Begründerin Wilhelmine. Sie starb nur fünf-
jährig in der Schweiz. „In der Hoffnung auf ewige Gemein-
schaft" heißt die Inschrift über dem Alten Mausoleum. Als Wilhelmine 1836 starb, wurde auch sie hier beigesetzt. 1869/70
wurde das Mausoleum um die beiden Seitenflügel erweitert,
1910 wurden die Großherzöge und ihre Familien aus der Stadtkirche ins Alte Mausoleum überführt. Der großherzogliche
Zweig der Regenten von Hessen-Darmstadt ruhen nun
gemeinsam auf der Rosenhöhe, die Landgrafen (mit zwei Ausnahmen) in der Stadtkirche.

Nach rechts geht es durch ein eisernes Tor hinaus aus dem
ernsten Bereich des Parks – zurück in die Weite farbiger Som-
merpracht. Wir stoßen gleich auf den Hauptweg, der zum
Rosarium führt.

Der Bau des **Rosariums** wurde 1900 begonnen, unter der
Leitung des Großherzogs Ernst Ludwig. Bereits damals entstanden der Rosendom und die Terrassen. Unmittelbar nach dem
Ersten Weltkrieg stellte er jedoch große Teile der Rosenhöhe als
landwirtschaftliche Fläche zur Verfügung. Erst in den Zwanzi-
gerjahren des vorigen Jahrhunderts wurde die Rosenhöhe wieder
rekonstruiert. Der Zweite Weltkrieg ließ den Park abermals ver-

Das Alte Mausoleum – die älteste der Grabanlagen

Das Rosarium – ein Ort, um die Seele aufzutanken

wildern, wieder wurde auf zahlreichen Flächen auch Landwirt-
schaft betrieben. Erst Anfang der
Achtzigerjahre kaufte die Stadt
das Areal, das nun jedoch schon
zum Teil an den Randflächen
bebaut war. Dennoch: Seit der
damaligen Restaurierung erfreut
sich die Grünanlage besonders in
der Rosenblütenzeit hohen Zu-
spruchs bei Darmstädtern und
Besuchern.

Interessant sind auch die kleinen Beete für die Partnerstädte
Darmstadts. Jede Stadt hat ein
eigenes kleines Beet. Moderne
Kunst hat ebenso ihren Platz
erhalten, etwa der „**Auffliegende
Taubenschwarm**", 1990 vom

Auch die Kunst hat ihren Platz
auf der Rosenhöhe: „Aufstei-
gender Taubenschwarm" von
Gotthelf Schlotter

Darmstädter Künstler Gotthelf Schlotter gefertigt. „Neben den Wasserbecken, umgeben von bunten Blumenstauden, erheben sich die siebzehn Bronzetauben zwei Meter hoch in die Luft, als gehörten sie einfach dorthin", so beschreibt ein Darmstädter Kunstführer das Werk treffend.

> **Hintergrund: Die Krone der Rosenhöhe**
> Der Rosendom, die Krone des Rosariums, war diesem schon ein paarmal abgenommen. Nach dem Zweiten Weltkrieg war sie verschwunden. Erst 1984 erhielt der Dom wieder eine neue Kuppel. Die hielt immerhin bis zum Mai 2008. Dann war die Holzkonstruktion morsch und wurde abgetragen. Zum Glück dauerte es nur ein gutes Jahr, bis auf Initiative des Rotary Clubs dem Rosarium wieder eine neue Krone aufgesetzt wurde.

Wir verlassen das Rosarium, gehen den Ludwig-Engel-Weg ein Stück zurück und biegen links in den Thießweg ab. Hier stand einmal das **Rosenhöhen-Palais**. Heute erinnert nur noch der Portalstein an das kleine Schloss, das auf der heute von Hecken umsäumten Grünfläche stand. 1894 ließ es Ernst Ludwigs Onkel bauen. An der Stelle stand zuvor das bescheidene Gartenhaus der Rosenhöhen-Initiatorin Wilhelmine. Der Großherzog erbte das Schloss. Von 1903 bis 1918 logierte hier die preußische Gesandtschaft, zwischen den beiden Weltkriegen war es nobles Mietobjekt. 1944 wurde es im Krieg stark beschädigt. Danach dienten die Keller eine Zeitlang als Berufsschule, die Räume mit zugemauerten Fenstern als Obstlager. Erst in den Sechzigerjahren wurde der Bau

Es war einmal ein Schloss: das Palais Rosenhöhe

schließlich abgerissen statt restauriert. Heute zeichnen die Hecken die Umrisse des Gebäudes nach – allerdings etwa 20 Prozent kleiner im Verhältnis zum Originalgrundriss. Sonst hätte man den umstehenden Baumbestand fällen müssen.

Hintergrund: Eine Sonate für Ernst Ludwig
Ernst Ludwig war nicht nur Förderer der bildenden Kunst und der Gartenkunst. Er unterstützte auch Musiker, so etwa Max Reger (1873 bis 1916). „Eine besondere Freude bereitete ich ihm, als ich in jedem Mai die Kammermusikfestspiele gab. Da kam Reger immer dazu, weil von ihm stets, wenn möglich, seine neuesten Werke in dieser Richtung aufgeführt wurden“, schrieb der Großherzog. Der Dank: Die Klarinettensonate in B-Dur op. 107 trägt die Zueignung „Seiner Königlichen Hoheit, dem Großherzog Ernst Ludwig von Hessen und bei Rhein ehrfurchtsvoll gewidmet.“

Wir folgen dem Thießweg bis zum Ausgang aus der Rosenhöhe. Das schmucke **Pförtnerhäuschen** stammt auch aus dem Jahr 1894. Es versank ebenfalls im Dornröschenschlaf, wurde

Zugang zur Rosenhöhe: das alte Pförtnerhäuschen

aber erweckt und bis 2004 komplett restauriert, nicht zuletzt dank des Engagements des Fördervereins Rosenhöhe. Heute ist im 16 Quadratmeter kleinen Häuschen ein Museum über die Geschichte der Rosenhöhe eingerichtet.

Museum Rosenhöhe im Pförtnerhäuschen
Internet: www.park-rosen-hoehe.info

Öffnungszeiten in den Sommermonaten:
Sa. 15 – 17 Uhr, So. 11 – 13 Uhr

Eintritt frei

Wenn wir den Bahnübergang überqueren, fällt der Blick auf den **Ostbahnhof**. Er ist eine hervorragend erhaltene Bahnstation aus dem Jahre 1869. Er entstand im Zusammenhang mit dem Bau der Odenwaldbahn und gehörte zur Hessischen Ludwigsbahn. Die einstige „Station Rosenhöhe" verbindet bis heute die ehemalige Residenz mit dem östlichen Umland. Ein Fahrradhändler hat die Räume des Ostbahnhofs gepachtet und sorgfältig restauriert. Somit erstrahlt der Bahnhof heute in altem Glanz – wenn auch anders genutzt. Sehr gut sind auf jeden Fall die Zugverbindungen in den Odenwald.

Wo dereinst die Fürsten ein- und ausstiegen: der Ostbahnhof

Über die Erbacher Straße gelangen wir in den Prinz-Christians-Weg. Hier finden sich noch einige Häuser aus der Zeit der Künstlerkolonie, etwa das **Haus Deiters**, benannt nach seinem Bauherrn. Entworfen hat es Joseph Maria Olbrich. Das Haus wurde im Zweiten Weltkrieg nicht zerstört, durch Um- und Anbauten jedoch stark verändert. Erst Anfang der Neunzigerjahre kaufte es die Stadt und versetzte es in den ursprünglichen Zustand von 1901 zurück. Das Haus war das kleinste Wohnhaus der Künstlerkolonie. Trotz der beschränkten Grundfläche gelang es Olbrich, die innere Aufteilung so günstig zu

Haus Deiters, Paradebeispiel für den Jugendstil

gliedern, dass nie das Gefühl beklemmender Enge aufkam.

Vom Prinz-Christians-Weg führen Treppen nach rechts, in den Christiansenweg, zum „**Großen Haus Glückert**", ebenfalls von Olbrich entworfen und nach dem Bauherrn benannt. Das Haus wurde 1968 ebenfalls komplett restauriert und in den ursprünglichen Zustand versetzt. Es beherbergt heute die „Deutsche Akademie für Sprache und Dichtung".

An der Ecke zum Alexandraweg steht das **Haus Behrens**, das unter den Häusern der ersten Ausstellung der Künstlerkolonie einen Sonderstatus hatte: Es war das

Sitz der Deutschen Akademie für Sprache und Dichtung: das Große Haus Glückert

Haus Behrens – der teuere Exot

einzige nicht von Olbrich entworfene Haus. Peter Behrens, ursprünglich Maler, nutzte hier die Chance, erstmals ein Haus zu entwerfen, zu konstruieren und zu bauen. Die zeitgenössischen Kritiker waren überschwänglich: „Es besteht nicht aus Formen, es ist eine einzige Form vom Sockel bis zum First." Preis der Form: damals 200.000 Mark; mehr als doppelt so viel wie für die anderen Häuser. Nach schweren Beschädigungen im Zweiten Weltkrieg wurde es restauriert. Die Inneneinrichtung ist jedoch vollständig verloren gegangen.

Weiter geht es in Richtung Russische Kapelle. Nicht übersehen sollte man den **Schwanentempel**. Namensgebend sind die über den Säulen thronenden Schwanenreliefes aus Carrara-Marmorplatten. Im Jahr 1914 wirkte der Tempel wie ein Tor

Eine der Pforten zur Mathildenhöhe: der Schwanentempel

Wo Zar und Zarin Gottesdienst abhielten: die Russischen Kapelle.

zur Ausstellung, ein Effekt, der heute teilweise verloren gegangen ist.

Hinter dem Tempel erhebt sich die **Russische Kapelle**. Auch wenn es nicht so wirkt – sie war eigentlich zuerst da. Vor dem Hochzeitsturm, vor dem Ausstellungsgebäude, vor der Künstlerkolonie. Ihr Grundstein wurde 1897 errichtet, 1899 wurde sie eingeweiht.

Hintergrund: Russland in Darmstadt?
Schuld am Entstehen der Russischen Kapelle hatte genau genommen Alix, die jüngere Schwester von Ernst Ludwig. Die verliebte sich in Nikolaus Romanow, den letzten Zaren Russlands – und heiratete ihn 1894. Damit die Zarenfamilie auch in Darmstadt den russisch-orthodoxen Gottesdienst feiern konnte, überließ Ernst Ludwig seinem Schwager das Grundstück. Architekt Leon Benois baute die Kapelle – finanziert aus dem Privatvermögen des Zaren. Die Kirche ist der Heiligen Maria Magdalena gewidmet. Nach der Ermordung der Zarenfamilie 1918 ging die Kirche in den Besitz der russisch-orthodoxen Gemeinde über.

Russische Orthodoxe Kirche der Hl. Maria Magdalena in Darmstadt

Öffnungszeiten:
Di. – Sa. 10 – 13 Uhr und 14 – 16 Uhr, So. 14 – 16 Uhr
Montags geschlossen

Wasserspiele: das Albin-Müller-Becken

Vor der Russischen Kapelle erstreckt sich das **Albin-Müller-Becken**. Es wurde ebenfalls zur Ausstellung 1914 vom Namensgeber errichtet. Die Fliesen symbolisieren Lebensbäume. 1993 wurde das Becken mit Repliken der ursprünglichen Fliesen aufwendig saniert. Am Kopf des Beckens finden sich zwei Muschelkalk-Skulpturen von Bernhard Hoetger: Maria und Josef.

Der Platanenhain – ältestes Element der Mathildenhöhe

Gehen wir um das Becken herum, gelangen wir zum **Plata-nenhain**. Und damit zu den Wurzeln der Mathildenhöhe. Denn den Hain gab es schon lange vor Ernst Ludwig. Er wurde von seinem Großonkel Ludwig III. und dessen Frau Mathilde angelegt. Sie verlieh der Mathildenhöhe auch ihren Namen. Was ursprünglich nur eine symmetrische Anordnung von Bäumen war, wurde später wesentlich geprägt von Bernhard Hoetger, der zur Ausstellung der Künstlerkolonie 1914 Werke zwischen den Bäumen platzierte. Das Thema der Skulpturen ist der immerwährende Kreislauf des Lebens. Es lohnt sich, sie einzeln zu entdecken. Texte in Eisenplatten auf dem Boden erleichtern das Lesen der jeweiligen Inschriften an den Original-Skulpturen.

Boule auf der Mathildenhöhe: Wo Kunst und Leben eins sind

Und heute? Heute ist der Platanenhain das Zuhause der Boule-Spieler, die hier sogar nationale Wettkämpfe austragen. Profanes Spiel im Umfeld von Kunst internationalen Ranges? Ernst Ludwig hätte sich über die Symbiose von Kunst und Leben jedenfalls sicher gefreut …

Beuys oder Liebig –
Stadt der Künste oder
Wissenschaftsstadt?

Beuys oder Liebig – Stadt der Künste oder Wissenschaftsstadt?

In den Siebzigerjahren behauptete Darmstadt, es sei die Stadt der Künste. Seit 1997 nennt sie sich, sogar auf den gelben Stadtschildern am Straßenrand, „Wissenschaftsstadt Darmstadt". Was gilt denn nun? Kunst oder Wissenschaft? Beuys oder Liebig? Der kleine Spaziergang zeigt beide Seiten ein und derselben Medaille.

Länge: Etwa 2 Kilometer
Strecke: Laufen durch Park- und Stadtgebiet – moderate Steigungen.

Anfahrt:

🚌 F, H, K, L, Haltestelle „Schloss"

🚊 2, 3, 9, Haltestelle „Schloss"

Wir beginnen den Rundgang am Portal zum Herrngarten, vom Karolinenplatz aus. Linker Hand sehen wir das **Hessische Landesmuseum** Darmstadt – leider wegen Sanierung bis 2013

Das Hessische Landesmuseum beherbergt Kunst und Wissenschaft unter einem Dach

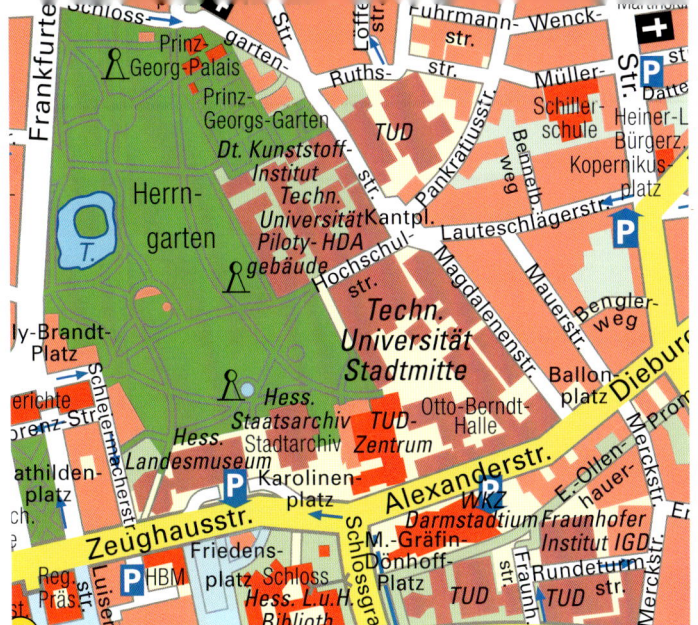

geschlossen. In zahlreichen Sonderausstellungen mit verschiedenen Partnern zeigt es dennoch Teile seines Bestands.

Das Museum offenbart, dass Wissenschaft und Kunst sehr gut unter einem Dach existieren können. Es verfügt beispielsweise über eine eindrucksvolle Sammlung großer Wirbeltier-Fossilien aus der Grube Messel. Raritäten sind auch fossile Säugetierreste aus etwa zehn Millionen Jahre alten Ablagerungen des Ur-Rheins in Rheinhessen. Darüber hinaus besitzt das Museum eine umfangreiche Kunst- und Gemäldesammlung – von Peter Paul Rubens bis zu Joseph Beuys.

Das „Großherzogliche Museum" entstand 1897 bis 1902 an der Stelle des ehemaligen Exerzierhauses. Im Zweiten Weltkrieg erlitt es schwere Beschädigungen. 1955 wurde das Museum wieder eröffnet. Die Sammlung wurde bedeutend erweitert. 1984 wurde das Museum um einen Bau für die Kunst des 20. Jahrhunderts ergänzt. Derzeit wird das Gebäude grundsaniert.

Hintergrund:
Joseph Beuys (1921 bis 1986) war ein deutscher Aktionskünstler, Bildhauer, Zeichner, Kunsttheoretiker und

Pädagoge. Internationale Beachtung fand er besonders, nachdem Karl Ströher, Darmstädter Kunstsammler und Eigner des Wella-Konzerns, 1967 die komplette erste Ausstellung des Künstlers kaufte. Seine Kunstwerke ernteten jedoch nicht nur Zustimmung. Der Fettstuhl etwa, ein Holzstuhl mit schräg zur Lehne hin ansteigender Talgmasse, oder diverse Stapel von Filzplatten regten und regen zu Diskussionen über den Kunstbegriff an.

Das Landesmuseum besitzt mit dem „Block Beuys" einen großen Teil seines Œuvres: In sieben Räumen befinden sich über 250 plastische Arbeiten aus der Zeit von 1949 bis 1972 – darunter zahlreiche für das Kunstverständnis des Künstlers bedeutende Objekte und Installationen.

Joseph Beuys – zahlreiche Werke von ihm sind in Darmstadt ausgestellt

Beuys' Kunst: nicht unumstritten, aber zumindest 1993 auf Briefmarke verewigt

Zur Rechten neben dem Museum befindet sich das **Alte Theater**. Das ehemalige Hoftheater, ein klassizistischer Bau nach den Entwürfen des großherzoglichen Hofbaumeisters Georg Moller, wurde 1818/19 errichtet, brannte 1871 ab und wurde 1879 in veränderter Form wieder aufgebaut. Ein weiterer Umbau erfolgte 1904. Nach den verheerenden Kriegszerstörungen 1944 wurde es nie mehr als Theater genutzt. 1993 wurde es aufwendig restauriert, allerdings ohne Bühne: Heute geht der Punkt klar an die Wissenschaft. Das ehemalige Thea-

Altes Theater: erst Schauspielhaus, nun Staatsarchiv

ter beherbergt zahlreiche Archive, unter anderem das Stadtarchiv Darmstadt und das Hessische Staatsarchiv.

Nur zwei Gebäude – und schon fällt die Entscheidung Wissenschaft oder Kunst schwer. Treten wir durch das Portal in den **Herrngarten**. 1766 beginnt Landgräfin Karoline, den Herrngarten in einen englischen Landschaftsgarten zu verwandeln. 1811 wird er offiziell für die Bevölkerung geöffnet. Gleich rechter Hand stoßen wir auf ihr Grab. Sie wurde bekannt für ihre freundschaftliche Bindung an verschiedene Gelehrte ihrer Zeit. Sie stand auch in Kontakt mit Friedrich II., dem König von Preußen, und war eine der wenigen Frauen, die der Alte Fritz respektierte. Der stiftete auch die Marmor-Urne. Deren Inschrift lautet übersetzt: „Hier ruht Henriette Chris-

Das Portal zu einem der schönsten Gärten Darmstadts ...

tine Karoline Louise, Hessens Fürstin, dem Geschlecht nach eine Frau, an Geiste ein Mann …" Damals klang das wie ein Kompliment …

... dem Herrngarten im Zentrum der Stadt

Geht man weiter nach Norden, stößt man auf das **Goethe-Denkmal** – es ist nicht zu übersehen. Der Dichter der Deut-

schen weilte auch des Öfteren in Darmstadt. Er gehörte zum „Kreis der Empfindsamen" – an den das Denkmal auch erinnern soll. Zu dessen festen Mitgliedern gehörten unter anderem noch Johann Gottfried Herder, Franz Michael Leuchsenring und Herders Braut Caroline Flachsland. Landgräfin Karoline unterstützte den Kreis. In diesem

War oft zu Gast in Darmstadt: Johann Wolfgang von Goethe (Gemälde von Joseph Karl Stieler)

Das Goethe-Denkmal erinnert auch an den „Kreis der Empfindsamen"

Umfeld las Goethe erstmals aus den noch unveröffentlichten Urfaust- und Götz-Manuskripten. Der „Götz von Berlichingen" erschien 1773 zum ersten Mal im Verlag des Darmstädters Johann Heinrich Merck. Ein klarer Punkt an die Kunst …

Und noch einer: Landgraf Ernst Ludwig (nicht zu verwechseln mit dem Großherzog! – siehe Spaziergang 5) hatte auf seinen Reisen nach Paris die Liebe zur Oper entdeckt. Zuerst holte er den berühmten Kapellmeister Christoph Graupner (1683 bis 1760) aus Hamburg nach Darmstadt. Dann wollte er ein eigenes Hoftheater. Architekt Louis Remy de la Fosse musste die ehrgeizigen Pläne ob der Ebbe im Grafensäckel etwas zurechtstutzen: Neben dem Herrngarten befand sich eine Reithalle. Sie wurde zum Theater umgebaut und erfreute sich in den kommenden Jahrzehnten großer Beliebtheit. Erst Mollers Theaterbau hundert Jahre später löste die Reithalle als Schauspielhaus ab.

Hintergrund: Warum Darmstadt daran schuld ist, dass Bach in Leipzig Thomaskantor wurde
Das liegt daran, dass Christoph Graupner der Stadt Darmstadt – oder seinem Landgrafen – die Treue hielt. Er bewarb sich 1722 auf die Stelle als Thomaskantor in Leipzig und bekam sogar den Zuschlag. Sein Herr, Landgraf Ernst Lud-

wig, erhöhte daraufhin das ohnehin schon beträchtliche Salär. Da blieb Graupner in Darmstadt. Der Herr der zweiten Wahl bekam nun die Stelle: Das war kein Geringerer als Johann Sebastian Bach ...

Johann Sebastian Bach – Thomaskantor in Leipzig (Gemälde von Elias Gottlob Haussmann)

Wir gehen weiter durch den Herrngarten, bis rechter Hand der Zugang zum **Prinz-Georgs-Garten** auftaucht. Prinz Georg erhielt 1764 den Garten von seinem Vater Landgraf Ludwig VIII. als Geschenk. Die Anlage ist bis heute kaum verändert – und zeigt Gartenbaukunst par excellence. Vier Quadrate bilden ein Blumenparterre, das sich um einen Springbrunnen gruppiert. Als Mittelpunkt jedes Quadrats diente eine Sonnen-

Gartenkunst und Gemüseanbau in einem: der Prinz-Georgs-Garten

uhr aus Sandstein mit Globus, Wetterfahne und dem Monogramm Ludwigs VIII. Zwei der Sonnenuhren – ein Punkt für die Wissenschaft – sind noch zu sehen. Die dreieckigen Flächen am südlichen Rand sind damals wie heute Nutzgärten. Man kann im Garten auch das dort angebaute und frisch geerntete Gemüse kaufen – lecker!

Weiter nach Norden gelangt man zum **Porzellanschlösschen**. Es gehört zum selben väterlichen Geschenkpaket an Prinz Georg. 1840 fällt das Schloss jedoch an Hessen. Und seit 1907 beherbergt es die Porzellansammlung des letzten Großherzogs Ernst Ludwig.

Porzellanschlösschen	*Öffnungszeiten:* April bis Oktober Fr. – So. 10 – 17 Uhr

Das Prozellanschlösschen – heute ein Museum

Einen Schwerpunkt der Sammlung bilden die Fayencen und Porzellane der Manufakturen in Kelsterbach, die von den Landgrafen von Hessen-Darmstadt unterstützt wurden. Mit Meißen, Nymphenburg, Höchst, Frankenthal, Wien, Sèvres und St. Petersburg sind weitere bedeutende Manufakturen in der Sammlung vertreten. Seit 1908 ist das Porzellanschlösschen als Museum der Öffentlichkeit zugänglich.

Tipp: Die Waldspirale

Geht man vom Porzellanschlösschen aus einen halben Kilometer die Mollerstraße gen Norden, so erreicht man die Waldspirale, eingeweiht im Jahr 2000. „Es ist ein Haus für die Natur und die Träume des Menschen, ein Beispiel zur Mehrung der Natur in der Stadt", so sprach Architekt und Künstler Friedensreich Hundertwasser über sein letztes Gebäudeprojekt.

105 Wohnungen, keine wie die andere, Zwiebeltürmchen, Bäume auf dem Dach und kein Fenster, das einem anderen im Hause gleicht – die Waldspirale ist etwas Besonderes in der oftmals grauen Wohnarchitektur. Kunst und Wissenschaft treffen hier übrigens aufeinander: Die Bauherren verwendeten Recycling-Beton. Dessen Einsatz wurde eng mit dem Institut für Massivbau der TU Darmstadt abgestimmt – seinerzeit eines der Pionierprojekte in Deutschland.

Moderner Wohnungsbau etwas anders: die Waldspirale, erdacht von Friedensreich Hundertwasser

Hinter dem Prinz-Georgs-Garten macht der Weg einen Knick nach rechts auf die Schlossgartenstraße. Jetzt ist es an der Zeit, dass auch die Wissenschaft ein paar Punkte gutmacht. Rechter Hand sehen wir das **Institut für Halbleitertechnik**. Es wurde 1934 errichtet – und war schon damals ganz auf die Bedürfnisse der Fernmeldetechniker abgestimmt. Weder Straßenlärm noch Radiowellen, noch Wassergeräusche störten die empfindlichen Messungen. 1978 wurde es dann für die Chip-Forscher umgebaut, inklusive Reinräumen und Laboren. Die Kernkompetenz des Instituts liegt heute in der Erforschung und Entwicklung neuartiger elektronischer Bauelemente und den dazugehörenden Prozesstechniken.

Linker Hand steht das Institut für Kernphysik, dann folgen auf der rechten Seite die Institute der Chemischen Technologie. Dort beschäftigt man sich durchaus auch mit Fragen des Alltags: Wie muss ein gut verträgliches Haarwaschmittel zusammengesetzt sein, wie werden Grundstoffe für Joghurtbecher hergestellt oder wie funktionieren Akkus für Mobiltelefone? Als Vater der modernen Chemie wird übrigens oft ein Sohn Darmstadts bezeichnet: Justus Liebig.

Justus Liebig – Vater der modernen Chemie

Hintergrund: Justus Liebig
Justus Liebig wurde im Jahre 1803 in Darmstadt geboren – und schon im Alter von 21 Jahren zum Professor der Chemie an die Universität Gießen berufen. Er entwickelte den ersten Dünger aus anorganischen Salzen. Außerdem konstruierte er den Fünfkugelapparat, mit dem man das Gewicht von Gasen messen kann. Viele der von Liebig zuerst isolierten Pflanzenstoffe oder neu hergestellten Verbindungen fanden später praktische Verwendung: das Chloralhydrat als Schlafmittel, Chloroform als Narkotikum und Pyrogallol als fotochemischer Entwickler. Moderne Chemie wäre ohne den Darmstädter kaum denkbar.

Die Urzelle der Technischen Universität: das alte Hauptgebäude

Von der Schlossgartenstraße biegt links die Hochschulstraße ab. Dort sehen wir das ehemalige **Hauptgebäude der Technischen Universität** Darmstadt. Es ist quasi die Urzelle, von der aus sich alle Institute über die ganze Stadt hinweg verteilt haben.

Mit dem Bau der Hochschule erhielt die Straße ihren Namen. Die Polytechnische Schule zu Darmstadt wurde 1877 durch Verleihung des Titels „Technische Hochschule zu Darmstadt" von Großherzog Ludwig IV. in den Universitätsstatus erhoben. Das „Abi" war nun Zulassungsbedingung. Dem Geldmangel trat die Uni mutig entgegen: 1882 gründete sie die weltweit erste Fakultät für Elektrotechnik – ein im Nachhinein sehr kluger Schritt. Er sorgte auch dafür, dass das Lehrinstitut von Beginn an international ausgerichtet war. 1906 kamen drei von vier Studenten der Elektrotechnik aus dem Ausland.

Die Hochschulstraße endet am **Kantplatz** – der heißt so seit 1960 und ehrt Immanuel Kant, den Begründer des kategorischen Imperativs: „Handle nur nach derjenigen Maxime, durch die du zugleich wollen kannst, dass sie ein allgemeines Gesetz werde." 2004 wurde der Platz für Autos unzugänglich umgestaltet und mit Bäumen und Bänken versehen. Nun ist er ein Ort der Ruhe und Reflexion. In der Platzmitte liegt ein kleiner Kunststeinbau mit leicht konischem Sockel und geknicktem, weit überstehendem Zeltdach: August Buxbaum entwarf den Kiosk, der heute leider nicht mehr als solcher genutzt wird. Er ist der einzig erhaltene von sieben identischen Verkaufskiosken, die 1925 an prominenten Stellen im Stadtgebiet aufgebaut worden sind.

Der Kantplatz lädt ein zum Verweilen

Vom Kantplatz blickt man auf die **Alte Maschinenhalle** der Universität. 1904 plante der Architekt und Hochschulprofessor Georg Wickop das Kraftwerk. Die ursprünglich über 18 Meter gespannte Eisenkonstruktion ist nach Kriegszerstörungen und einem Brand 1963 durch eine Betonkonstruktion ersetzt worden. Formal griff Wickop Formen der benachbarten Renais-

Einst ein Kraftwerk: die Alte Maschinenhalle der TU

sancehäuser auf und verwendete ebenfalls Jugendstilelemente. Im Mai 2000 wurde das Kraftwerk stillgelegt. Heute sind dort Büroräume eingerichtet.

Unmittelbar hinter der Maschinenhalle wird bald die neue Universitätsbibliothek entstanden sein.

Am Ende der Magdalenenstraße biegen wir nach rechts in die Alexanderstraße. Die Häuser hier sind 1590 entstanden und gehören zur **Alten Vorstadt**. Es waren die ersten Stadthäuser, die jenseits der Stadtmauer gebaut wurden.

Über 400 Jahre alt: Häuser der Alten Vorstadt

Wir gehen die Alexanderstraße hinab. Auf der rechten Seite erscheint ein von außen unansehnlicher Bau: die Veranstaltungshalle „**603qm**". Sie wurde 1952 für den Fachbereich Maschinenbau gebaut und von diesem bis zum Jahr 1970 genutzt. Sie wird auch Stöferlehalle genannt, nach dem damals verantwortlichen Professor für Maschinenbau. Nach 1970 stand die Halle – aufgrund baulicher Probleme – lange Zeit leer. Das Dach musste saniert, sanitäre Anlagen eingebaut werden. Nach Abschluss der Umbauarbeiten 2003 wurde das studentische Kulturprojekt „603qm" eröffnet. Seitdem bietet die Stöferlehalle ein vielseitiges Kulturprogramm. Wenn auch derzeit über einen Neubau an der Stelle der betagten Halle diskutiert wird. Trotzdem: Ein klarer Punkt an die Kunst.

Innen hui, außen … – die Veranstaltungshalle „603qm"

Überqueren wir die Alexanderstraße. Markanter Orientierungspunkt ist ein kleines achteckiges Häuschen am Ende einer Mauer. Diese Stützmauer wurde beim Bau der Infanteriekaserne 1829 gemauert, 1906 zurückgesetzt. Das abschließende **Toilettenhäuschen** existiert heute noch. Es hat einen runden Grundriss, der dann in einen achteckigen Dachabschluss übergeht.

Daran vorbei geht es weiter zum **Fraunhofer Institut** – wieder ein Punkt an die Wissenschaft. Es wurde 1987 gegründet, ist Teil der Fraunhofer-Gesellschaft und räumlich nah der Technischen Universität Darmstadt angesiedelt. Virtuelle

Für Notdurft mit Stil: altes Toilettenhäuschen

Realität, 3-D-Modelle und alles, was – vereinfacht gesagt – mit Computergrafik zu tun hat, wird hier erforscht und entwickelt.

Der Weg führt weiter vorbei am neuen **Kongresszentrum** Darmstadts, dem sogenannten **Darmstadtium**. Die Daten der Edelhalle sind imposant: Die Gesamtfläche des Gebäudes beträgt 18.000 Quadratmeter. Die Außenfassade besteht weitgehend aus schrägen und spitz zulaufenden Glasflächen. Während der Bauarbeiten entdeckte man Teile eines historischen Wehrturms. Dieser wurde – wie auch ein Stück der mittelalterlichen Stadtmauer – in das Darmstadtium integriert. Sie bilden einen Kontrast zur modernen Architektur. Vom Ärzte-Kongress bis zu Udo Jürgens – hier finden Kunst und Wissenschaft zusammmen. Ach ja – auch für das moderne Gebäude haben die respektlosen Darmstädter schon einen Spitznamen: „Die schepp' Schachtel".

Hintergrund: Was bitte ist Darmstadtium?
Darmstadtium ist ein künstliches chemisches Element. Es wurde erstmals 1994 bei der Gesellschaft für Schwerionen-

forschung (GSI) in Darmstadt durch Fusion eines Blei-
und eines Nickel-Ions künstlich erzeugt. Die Ordnungszahl
ist 110, die Atommasse beträgt zwischen 269 und 281, je
nach Isotop. Darmstadt ist damit die einzige deutsche Stadt
– und eine von weltweit nur acht Städten –, nach der ein
Element benannt wurde.

Gegenüber dem Darmstadtium steht das **Hauptgebäude der
TU Darmstadt**. Das neue Empfangsgebäude „karo5" wurde
2008 eingeweiht. Von dort schauen wir wieder auf Schlossgra-
ben und Zeughausstraße. Sie sind Teil des City-Rings, der pul-
sierenden Verkehrsader der Stadt. Und dennoch, allen wirt-
schaftlichen Erwägungen zum Trotz, leistet sich die Stadt
zweimal im Jahr, den Verkehrsfluss wegen des Schlossgraben-
fests und des Heinerfests einfach dort zu unterbrechen. Den
Darmstädter Bürgern zuliebe – Künstlern wie Wissenschaft-
lern.

Das neue Kongresszentrum „Darmstadtium"

Hauptgebäude der TU mit neuem Empfangsgebäude „karo5"

Tipp: Innenstadtfeste

Die Heiner feiern gern. Seit fast 60 Jahren das Heinerfest. Mit etwa 250 Schaustellern ist es eines der größten Innenstadtfeste Deutschlands. Und der Autoverkehr kommt damit am ersten Juliwochenende Jahr für Jahr zum Erliegen.

Das Schlossgrabenfest ist das größte Innenstadt-Open-Air-Festival Hessens und eine der größten kostenlosen Open-Air-Veranstaltungen in Deutschland. Es findet seit 1999 jedes Jahr am letzten Maiwochenende rund um das Residenzschloss in Darmstadt statt.

Zweimal im Jahr ist der City-Ring für Autos tabu: beim Schlossgrabenfest und beim Heinerfest

Livemusik auf dem Schlossgrabenfest

Stimmung auf dem Schlossgrabenfest

Von Miele bis zum ESOC – Industriegeschichte rund um den Hauptbahnhof

Von Miele bis zum ESOC – Industriegeschichte rund um den Hauptbahnhof

Rund um den Darmstädter Hauptbahnhof entdeckt der aufmerksame Betrachter viele Spuren der Industrialisierung. Doch nicht nur Geschichte wird hier lebendig – auch moderne Unternehmen zeigen Flagge.

Wir beginnen unseren Spaziergang am **Hauptbahnhof**. Er ist seit 1912 das Eingangsportal der Stadt für Reisende aller Nationen. Entworfen hat ihn Friedrich Pützer. Das Gebäude ist das Ergebnis eines Streits: Darmstadt hatte damals bereits zwei Bahnhöfe. Die lagen beide am heutigen Steubenplatz, an dem jetzt die Kunsthalle steht. Die Stationen wurden jedoch schon 1901 dem damaligen Eisenbahnbetrieb nicht mehr gerecht, sodass die Königlich Preußische Eisenbahndirektion Darmstadt Auflagen machte, nachzubessern. Ausschlaggebend für den neuen Bahnhof war der Wunsch, Straße und Schiene zu entflechten: Durch den steigenden Zugverkehr mussten die Schienenübergänge an den Bahnhöfen fast ständig geschlossen

Eingangsportal der Stadt: der Hauptbahnhof

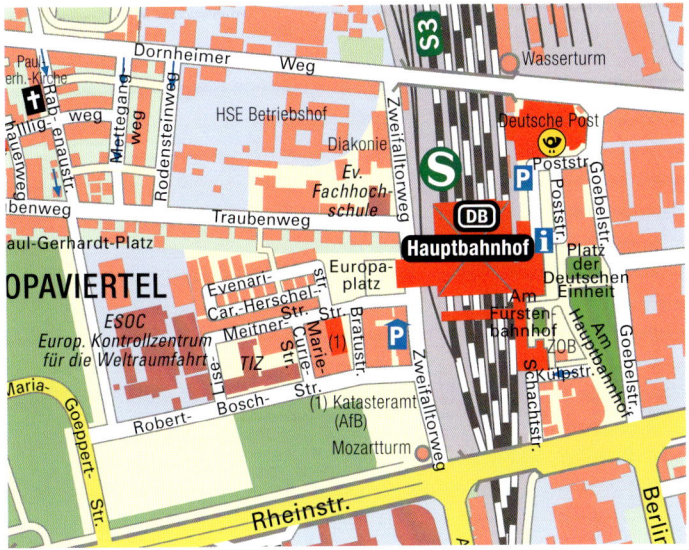

werden. Schon vor über hundert Jahren führte das auf der Rheinstraße zu einem Phänomen, das Darmstädtern noch heute sehr vertraut ist: Stau.

Der Hauptbahnhof war seinerzeit sehr modern und entstand im wahrsten Sinne des Wortes auf der „grünen Wiese". 1906 begannen die Bauarbeiten. Das Empfangsgebäude wurde 1998 bis 2002 aufwendig denkmalgerecht saniert. Dabei wurde auch der Zugang von Westen her angelegt. Mit etwa 35.000 Reisenden am Tag ist er heute nach dem Frankfurter Hauptbahnhof der zweitgrößte Bahnhof in Hessen. Täglich verkehren hier ungefähr 220 Züge.

Länge: 3 Kilometer
Strecke: Laufen durchs Stadtgebiet – keine Steigungen.

Anfahrt:

F, H, K, R, Haltestelle „Hauptbahnhof"

1, 2, 3, 5, Haltestelle „Hauptbahnhof"

Der Fürstenbahnhof

Neben dem Hauptgebäude erstreckt sich noch der **Fürstenbahnhof**. Vor zwölf Jahren restauriert, steht er im Moment leider leer. Darmstädter hoffen auf ein neues Restaurant in schönem Ambiente. Seinerzeit war er exklusive Haltestelle für die großherzogliche Familie und ihre Gäste. Einen Blick wert ist auch der Brunnen von Friedrich Pützer auf dem Vorplatz.

Parkflair auf dem Bahnhofsvorplatz: Brunnen von Friedrich Pützer

Tipp: Das Eisenbahnmuseum
Wer sich für die Eisenbahn interessiert und seinen Kindern eine echte Dampflok zeigen will, kommt um einen Besuch

des Eisenbahnmuseums in Darmstadt-Kranichstein nicht herum. Mehr als 40 Triebfahrzeuge und rund 150 Eisenbahnwagen gehören zum Bestand, der von ehrenamtlichen Mitarbeitern betreut wird. An den „Bahnwelttagen", die mehrmals im Jahr stattfinden, sind sogar Lokomotiven live in Betrieb. Aktuelle Termine finden Sie auf der Homepage: www.bahnwelt.de

Das Eisenbahnmuseum

Öffnungszeiten:
So. und Feiert. 10 – 16 Uhr
Mi. 10 – 16 Uhr (April bis September)

(nicht an Weihnachten und Neujahr)

Haltestelle „Kranichstein Bahnhof" der Straßenbahnlinien 4 und 5

Der neue Hauptbahnhof war Impulsgeber für die Stadtentwicklung in Richtung Westen. Zwei Hotels siedelten sich an, das „**Bahnhofshotel**" und das „**Hotel zur Post**", entworfen vom Architekturbüro Georg Markwort und Eugen Seibert. Beide Hotels wurden ebenfalls bereits 1912 eingeweiht. Zwischen den Hotels sollte ein Verbindungstrakt entstehen – doch der Erste

Das ehemalige Bahnhofshotel, heute ein Bürogebäude mit Gastronomie im Erdgeschoss

Weltkrieg machte einen Strich durch die Rechnung. Erst 1928 bauten Seibert und Markwort die Verbindung: das **Mielehaus**. Es ist eines der schönsten Beispiele expressionistischer Architektur in Darmstadt. Ursprünglich war das Haus Sitz der Miele-Verkaufsleitung für Süddeutschland, heute werden die Büros von verschiedenen Unternehmen genutzt.

Hinter dem Mielehaus, gegenüber dem großen CinemaxX-Kino hat die Firma **Goebel** ihren Sitz. Das Unternehmen ist mehr als 150 Jahre alt. Ab 1864 produzierte die Firma Fahrkartenautomaten. Nach der Insolvenz 2000 wurde der Betrieb geteilt und erfolgreich saniert.

Hintergrund: Money made in Darmstadt
Die Drent Goebel GmbH stellt die Maschinen her, mit denen Banknoten – legal – gedruckt werden. Geldscheine aus Norwegen, Schweden, Dänemark, Frankreich und Algerien sowie einiger anderer Länder drucken die Notenbanken auf Maschinen des Darmstädter Traditionsunternehmens. Heute gehört die Firma zu der niederländischen Drent Goebel-Gruppe.

Geld made in Darmstadt – der Sitz von Goebel

Prost mit „Plopp" – die Darmstädter Brauerei

Rechts neben dem Kino ist der Sitz der „**Darmstädter Braue-rei**". Das Kino wurde 1999 auf dem Gelände der Brauerei errichtet. Die war übrigens schon 1886 am heutigen Standort – lange vor dem Hauptbahnhof. In der Gaststätte „Braustüb'l" kann man auch das gleichnamige Bier genießen. Seit 2003 öff-nen sich übrigens alle Flaschen „Darmstädter" wieder mit einem satten „Plopp": Die Brauerei stellte das Sortiment voll-ständig auf die traditionelle und bewährte Bügelflasche um.

Brauen hat in Darmstadt lange Tradition: Landgraf Georg I. beauftragte 1573 einen Braugesellen aus Braunschweig, eine Hofbrauerei zu errichten. Offenbar schmeckte ihm das regio-nale Bier damals nicht. 1819 blühte das Brauhandwerk in Darmstadt: Es gab 27 Brauereien. Firmenkonzentrationen und zwei Weltkriege dezimierten den Bestand. Die Darmstädter Brauerei ist heute die größte der drei verbliebenen Brauhäuser. Mit von der Partie sind noch „der Grohe" in der Nieder-Ram-städter Straße und die Ratskeller-Brauerei am Marktplatz, direkt im Rathaus untergebracht. Beide schenken das Bier auch vor Ort aus.

Wir gehen weiter die Straße „Am Hauptbahnhof" entlang, in Richtung des **Maritim Hotels.** Westlich davon finden sich die

Das Maritim Hotel

Wohnhäuser in der Schachtstraße, der sogenannte **SIEGE-Block**. Er bot ab 1926 den Angestellten der Siedlungsgesellschaft für Verkehrspersonal (SIEGE) Kleinwohnungen. Damals war diese Häusergruppe das Stadtportal nach Westen hin, bevor das Maritim Hotel ihr die Schau stahl. Der Block ist ein sehr gutes Beispiel für den Ziegelexpressionismus. Besonders markant sind die dreieckig aus der Fassade hervorragenden Erker.

Ziegelexpressionismus: der SIEGE-Wohnblock

Ein Rundgang um das schöne Gebäude lohnt sich und offenbart viele Details, wie etwa die expressionistischen Lampen an den Tordurchgängen.

Hinter der Brücke erhebt sich massig der **Mozartturm**, in dunklem Fliederton gestrichen. Er ist heute in Privatbesitz und beherbergt ein Mozart-Archiv, ein Tonstudio und eine Galerie. 1939 wurde er gebaut, allerdings zu einem weniger friedlichen Zweck: Er war Flakstellung, Luftschutzbunker und trug den Namen „Richthofen-Bunker", benannt nach dem Fliegerass, Manfred Albrecht Freiherr von Richthofen (1892 bis 1918), dem „Roten Baron". Auf dem Dach, auf dem heute eine Antenne ragt, war damals das Flugabwehrgeschütz montiert. In diesem Gebäude besiegelte die Stadt 1945 die Kapitulation. Ab 1950 diente der Turm als Obdachlosenheim, seit 1973 ist, wie schon erwähnt, das Mozart-Archiv darin untergebracht – übrigens auch online abrufbar unter www.mozart-turm.de

Auf der gegenüberliegenden Seite blickt einen das „**Auge**" an, ein modernes Bürogebäude der Deutschen Telekom. Die zog mit 750 T-Systems-Mitarbeitern in das jüngst fertiggestellte Bauwerk, eine Hochtief-Projektentwicklung mit 15.000 Quadratmetern Mietfläche.

Ehemals Flakbunker, heute Mozart-Archiv: der Mozartturm.

Ein junger Bürokomplex: „Das Auge"

Rund um den Mozarturm lagen lange Zeit weite Flächen brach. Bis in die Achtzigerjahre fertigte hier die Firma Bosch auf 137.000 Quadratmetern Fernsehkameras und Studiotechnik. Nachdem das Unternehmen den Standort aufgegeben hatte, entstand auf diesem und den angrenzenden Grundstücken das Europaviertel. Gut zu sehen ist der westliche Zugang zum Hauptbahnhof – die im Jahr 2000 errichtete „Bahngalerie" –, die auf den Europaplatz führt.

Unser Weg biegt in die Robert-Bosch-Straße ab. 1998 wurde hier von der Stadt, der Technischen Universität, der Industrie- und Handelskammer und der Sparkasse Darmstadt das **Technologie- und Informationszentrum** (TIZ) gegründet und seitdem weiter ausgebaut. Im TIZ residieren zahlreiche junge Unternehmen. Außerdem finden dort Informationsveranstaltungen und Schulungen statt. Das TIZ fördert auch die Zusammenarbeit mit den Darmstädter Hochschulen und der regionalen Wirtschaft.

In unmittelbarer Nachbarschaft entstand mit dem **Europahaus** ein neues Bürogebäude mit Raum für 500 Arbeitsplätze auf 16.000 Quadratmetern Nutzfläche. Im Herbst 2005 wurde mit den an den Europaplatz angrenzenden Europaarkaden ein weiteres modernes Bürogebäude fertiggestellt. Hinter diesen Bürokomplexen wurde auch für Wohnraum gesorgt. 100 Wohnungen in Reihenhäusern und 100 in Mehrfamilienhäusern bieten 500 Bewohnern ein Zuhause.

TIZ und Europahaus – hier wohnt der Fortschritt

Auf TIZ und Europahaus folgt der Sitz des **ESOC** – was so viel heißt wie „Europäisches Weltraumoperationszentrum" (engl.: European Space Operations Centre). Es ist das Kontrollzentrum der Europäischen Weltraumorganisation ESA – quasi „Europas Tor zum Weltraum". Seit 1967 ist es für den Betrieb sämtlicher ESA-Satelliten, für die Bodenstationen und für das Kommunikationsnetzwerk verantwortlich.

Das europäische Tor zum Weltraum – das ESOC

Hier werden die Satelliten gesteuert: Kontrollraum des ESOC

Wird ein Satellit mit der Trägerrakete ins All geschossen, übernimmt der Hauptkontrollraum des ESOC die Steuerung, sobald der Satellit von der Rakete getrennt ist. Von diesem Raum aus werden alle Manöver durchgeführt, die den Satelliten in seine endgültige Umlaufbahn bringen. Das ESOC hat bislang über 50 Satelliten der ESA betreut. Es leitet normalerweise ein knappes Dutzend Vorhaben gleichzeitig.

Informationen zu ESOC-Führungen: Darmstadt Marketing GmbH	Tel.: 06151/134516 Fax: 06151/134519 Mail: tagungen@ darmstadt.de

Hintergrund: Klimaschutz made in Südhessen
Was hat Darmstadt mit dem weltweiten Klima zu tun? Ganz einfach: Der Umweltsatellit Envisat wird vom Satellitenkontrollzentrum ESOC in Darmstadt gesteuert. Seine wichtigste Aufgabe ist die ständige Überwachung des Ökosystems der Erde. An Bord befinden sich Instrumente zur Erdbeobachtung. Sie können die chemische Zusammenset-

zung der Atmosphäre, die Temperatur der Ozeane, Wellen-
höhen und -richtungen oder Windgeschwindigkeiten messen und Waldbrände, Hurrikans und Umweltverschmut-
zung aufspüren. Mit Gesamtkosten von fast zweieinhalb
Milliarden Euro war Envisat der bisher teuerste Satellit der
ESA. Innerhalb von gut einem Monat überfliegt er jeden
Ort der Erde.

Das Wetter kommt aus Darmstadt
Wenige hundert Meter vom ESOC entfernt befindet sich
Eumetsat. Der Name steht für die „Europäische Organisa-
tion für die Nutzung meteorologischer Satelliten". Eumetsat betreibt die Meteosat- und MetOp-Wettersatelliten.
Wann immer über deutsche (und viele europäische) Matt-
scheiben eine Wetterkarte flimmert, wurden die Bilder dazu
von den Satelliten an Darmstadt geliefert und dort auch
aufbereitet.

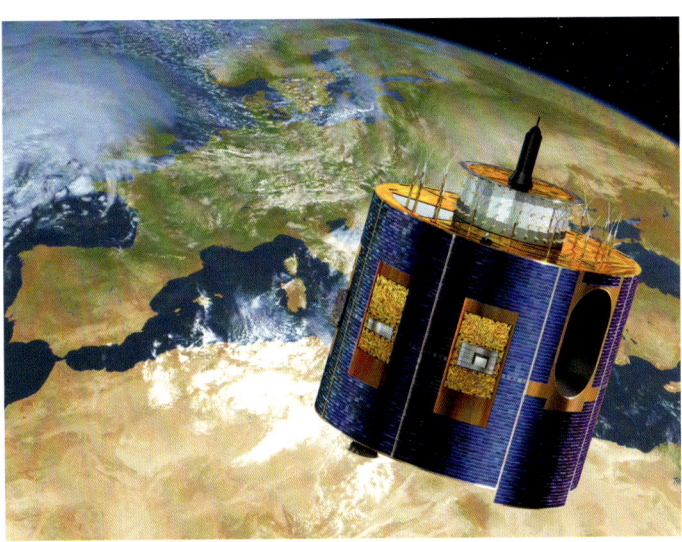

Ein Meteosat der zweiten Generation sammelt Wetterdaten über
der Erde

Nach so viel Hightech biegen wir hinter dem ESOC nach rechts ab in die Rabenaustraße. Bald tauchen die ersten Häuser auf. Sie gehören zur **Waldkolonie**. Die hat ihre Wurzeln in mehreren einzelnen Bauprojekten. Erst in der Nachkriegszeit verschmolzen die Häuserinseln zu einem geschlossenen Stadtteil.

Rechts von der Rabenaustraße biegen wir in den **Illigweg**. Durch seine geschwungene Linienführung hat er einen besonderen Charme. Die Gebäude in diesem Bereich entstanden zwischen 1920 und 1925 als Häuser der Eisenbahner-Baugenossenschaft. Die Siedler mussten 25 Stunden in der Woche selbst Hand anlegen. Die Häuser waren ursprünglich alle mit Garten und Stall versehen: Die Siedler konnten sich so zum großen Teil mit den Grundnahrungsmitteln selbst versorgen. Hinzugekauft wurde in sogenannten „Stubenläden", zu Ladengeschäften umgebauten Wohnstuben. 1926 wurde das evangelische Gemeindehaus errichtet, 1929 die Lessingschule. Damit war die bauliche Entwicklung zu einem ersten Abschluss gekommen.

Über den Mettegangweg kommen wir zum Dornheimer Weg. Dort sehen wir zwei der typischen Häuser der **Mette-**

Beschauliche Arbeitersiedlung im Illigweg

Alarmhäuser der Mettegangsiedlung

gangsiedlung. Sie wurde 1911 nach den Plänen des Mainzer Stadtbaurats Friedrich Mettegang gebaut. Er koordinierte in dieser Zeit auch die Planungen für den Hauptbahnhof. Die Arbeitersiedlung nördlich des Dornheimer Wegs entstand, weil die Reichsbahn in der Nähe des Bahnhofs Wohnungen für eine Spezialeinheit von Arbeitern benötigte. Dieser sogenannte „Hilfszug" sollte in Notsituationen wie Entgleisungen oder bei Bränden kurzzeitig ausrücken. Weil die Wohnungen über Alarmleitungen mit dem Hauptbahnhof verbunden wurden, nannten ihre Bewohner sie „Alarmwohnungen". Die Mettegangsiedlung überstand den Krieg unversehrt und wurde 1994 als besonders gutes Beispiel für den Typ „Arbeiterwohnsiedlung in Selbsthilfe um 1900" unter Denkmalschutz gestellt. Heute wohnen dort rund sechzig Menschen.

Der Dornheimer Weg führt uns wieder zurück in Richtung Bahngleise. Fast die gesamte linke Seite wird nun von der **Starkenburgkaserne** eingenommen. Die Fläche des Areals beträgt rund 12 Hektar. Ursprünglich war es ziviles Gelände: Dort befand sich das Eisenbahnausbesserungswerk für Lokomotiven. Am 20. November 1955 verließ die letzte reparierte Dampflok

Historische Gebäude der Starkenburgkaserne

die große Richthalle, die heute noch vorhanden ist. Danach wurden auf dem Gelände Panzer ausgebessert – bis heute mehr als 5.000 Stück. Im Oktober 1966 erhielt die alte Eisenbahnwerkstatt einen neuen Namen und eine neue Bestimmung: „Starkenburgkaserne". Eine Generation später schlug schon wieder die letzte Stunde des Bundeswehrstandorts: 2005 wurde die Panzerrevision der Privatfirma „HIL – Heeresinstandsetzungslogistik GmbH" übertragen. Die bestehenden Kasernengebäude sind heute kaum genutzt und stehen sogar teilweise leer.

Das Gelände birgt noch eine weitere Besonderheit: **zwei Bunker** der Bauart „Winkel", benannt nach ihrem Erfinder Leo Winkel (1885 bis 1981). Diese Spitzbunker werden im Englischen auch „Ant hill bunker" (Ameisenhügel-Bunker)

Einer der vier Winkel-Bunker Darmstadts

genannt. Die Winkeltürme fassten je nach Auslegung bis zu über 600 Personen. Es wurden rund 200 Winkeltürme erbaut. Auf dem Gelände der Starkenburgkaserne befinden sich zwei Türme, einer sehr gut sichtbar vom Dornheimer Weg aus. Zwei weitere stehen auf dem Knell-Gelände an der Frankfurter Straße.

Weiter in Richtung Bahngleise sehen wir links das „**Alte Schalthaus**". Auch für dieses Haus zeichnen die Architekten Eugen Seibert und Georg Markwort verantwortlich. 1926 wurde das Schalthaus in expressionistischen Formen gebaut. Die Anlage besteht aus zwei Gebäuden: dem großen, zweigeschossigen Umspannwerk und der kleinen, einstöckigen Halle. Ursprünglich gehörte das ganze Areal zu einem Kraftwerk, zeitgleich gebaut mit dem neuen Hauptbahnhof. 1975 entsprach es jedoch nicht mehr modernen Anforderungen und Sicherheitsbestimmungen. Deshalb wurde das Kraftwerk abgerissen. Nur Seiberts Gebäude blieben erhalten. Auch heute noch sind auf dem Gelände Abteilungen des regionalen Energieversorgers „HSE – HEAG Südhessische Energie AG" ansiedelt. Im Alten Schalthaus befindet sich ein Restaurant.

Wir erreichen die **Brücke** über die Gleise. Sie wurde in den Jahren 1909 und 1910 von der „Darmstädter Eisenbauanstalt

Ehemals Schalthaus, heute Restaurant

Georg Donges" gefertigt, im Auftrag der Königlich Preußischen und Großherzoglichen Hessischen Eisenbahndirektion. Sie galt seither als wertvoller Teil des Jugendstil-Ensembles rund um den Hauptbahnhof. Inzwischen ist die Brücke zweimal angehoben worden. Zuerst 1957, als die darunterliegende Eisenbahnstrecke elektrifiziert wurde. Und ein zweites Mal 2002, als die Brücke selbst grundlegend überholt wurde. Danach wurde sie jedoch wieder auf das alte Niveau abgesenkt. Damit der ästhetische Reiz der filigranen Stahlträgerkonstruktion noch besser sichtbar wird, wurde bei dieser Renovierung der Berührungsschutz unterhalb der Gehwege aus Verbund-Sicherheitsglas ausgeführt. Vier dem Jugendstil nachempfundene Hängelampen über den Fußwegen sowie in die Hohlräume der Obergurtprofile eingefügte Neonröhren erleuchten die Brücke bei Dunkelheit.

Am Ende der Brücke erhebt sich zur Linken majestätisch der **Wasserturm**. Das besonders markante Bauwerk wurde 1910 ebenfalls von Friedrich Mettegang erbaut. Im Jugendstil dem Darmstädter Hauptbahnhof angeglichen diente er zur Versorgung des Bahnhofs und der dort stationierten Lokomotiven mit Wasser. Der aus Ziegeln gemauerte und verputzte Koloss mit Schieferdach, in dem sich auch noch ein Stellwerk befand, hatte mit Ende der Dampflokomotivenzeit ausgedient und sollte 1978 abgerissen werden. Das Abbruchgerüst stand bereits, als die Darmstädter Bürger darauf aufmerksam wurden.

Der heutige Besitzer, der Musiker, Komponist und Architekt Albrecht Pfohl, rettete das Bauwerk endgültig vor

Der Wasserturm am Bahnhof ist heute ein Raum für Kunst

der Abrissbirne, indem er den Turm der Bundesbahn abkaufte. Die Kosten für Unterhaltung und Wartung des Turms werden über Vermietung für Feiern finanziert. Im Jahr 2003 wurde der Wasserturm mit Unterstützung vom Land Hessen, der Stadt Darmstadt und dem Eigentümer saniert und wieder in einen denkmalwürdigen Zustand versetzt. Wer im Wasserturm feiern will, schaut am besten auf dessen Internetseite vorbei: www.wasda.de.

Das alte Postamt

Biegen wir in die Poststraße, gelangen wir zur alten Post – die von dem riesigen Neubau dahinter fast verschluckt zu werden scheint. Das ehemalige **Kaiserliche Postamt** wurde ebenfalls zur Einweihung des Darmstädter Hauptbahnhofes 1912 eröffnet. Architekt des symmetrischen Bauwerkes war Friedrich Sander aus Frankfurt. Die Fassade ist mit Muschelkalk verkleidet, Puttenreliefs und aufwendige Schmiedeeisengitter vor den Fenstern schmücken den Verwaltungsbau. Das alte Postamt wurde 1990 entkernt, die Fassade blieb stehen und wurde saniert, das Dach neu gedeckt.

Von hier aus gelangen wir wieder zum Hauptbahnhof, Ausgangspunkt des kleinen Rundgangs. Man sieht ihn jetzt mit ganz anderen Augen, oder?

Mit (dem anderen) Ernst Ludwig durch Bessungen

Mit (dem anderen) Ernst Ludwig durch Bessungen

Die Regenten von Hessen-Darmstadt zeigten eine ausgeprägte Fantasielosigkeit, wenn es um die Namensgebung der Nachfahren ging. In der Darmstädter Geschichte wimmelt es nur so von Georgs, Ludwigs und eben Ernst Ludwigs. Sprechen die Darmstädter von Ernst Ludwig, meinen sie meistens den letzten Großherzog – den mit der Mathildenhöhe und dem Jugendstil aus dem zweiten Spaziergang. Aber es gab noch einen Namens-

Der Landgraf Ernst Ludwig von Hessen-Darmstadt, porträtiert von Johann Christian Fiedler

vetter, der Darmstadt zweihundert Jahre zuvor ebenfalls seinen Stempel aufgedrückt hat. Gemeint ist der **Landgraf Ernst Ludwig** (1667 bis 1739). Er wurde 71 Jahre alt, wovon er 62 Jahre (!) Landgraf war.

Auch dieser Ernst Ludwig zeigte sich als Förderer von Theater und Musik, er gründete etwa das erste Theater in Darmstadt und holte den Komponisten Christoph Graupner nach Darmstadt. Der Graf komponierte sogar Märsche und dichtete Kirchenlieder. Leider nutzte er seine Regierungszeit dazu, die Staatsfinanzen schwer in die roten Zahlen zu manövrieren. Schuld daran war unter anderem seine Liebe zur Jagd und zu pompösen Bauten.

Länge: 3,5 Kilometer
Strecke: Laufen durchs Stadtgebiet – moderate Steigungen.

Anfahrt:
🚋 7, 8, Haltestelle „Bessunger Straße"

Wir beginnen unseren Spaziergang daher auch passend am **Jagdhof**. Vom Forstmeisterplatz aus gelangt man in den Hof. 1709 begannen die Arbeiten an dem Jagdhofkomplex. Das Kavaliershaus war als Jagdhaus konzipiert, in den umliegenden Gebäuden waren Stallungen und Wohnungen untergebracht. Der Bau wurde notwendig, da Landgraf Ernst Ludwig Anfang des 18. Jahrhunderts die Parforcejagd einführte.

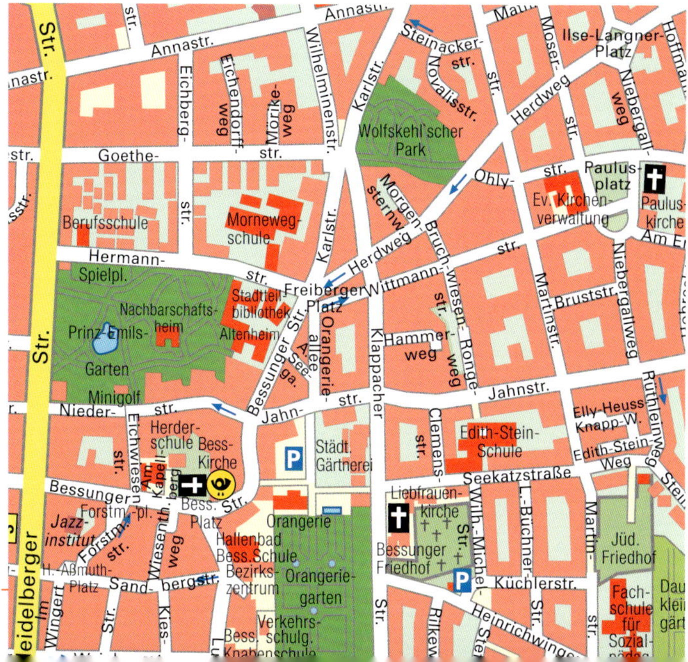

Die **Parforcejagd** (von französisch par force = mit Gewalt) ist eine Form der Hetzjagd. Eine Hundemeute wird dabei auf die Fährte von Wild angesetzt. Die Hunde sind zwar langsamer als das Wild, sind aber ausdauernder und ermüden den Hirsch, bis der völlig ermattet aufgibt und getötet werden kann. Der Landgraf wie auch dessen Sohn Ludwig VIII. waren große Fans die-

Eine Parforcejagd vor der Dianaburg bei Darmstadt, gemalt von Georg Adam Eger

ser Jagdform – die Bauern weniger, denn ihr Land wurde durch solches Treiben verwüstet. Abgesehen davon war das Vergnügen äußerst kostspielig. 1718 musste Ernst Ludwig deshalb die Jagd aufgeben, 1739 nahm sie der Sohn Ludwig VIII. wieder auf. Erst der Enkel Ludwig IX. verbot die Parforcejagd – und brachte dann übrigens auch wieder Ordnung in den Staatssäckel.

Tipp:
Von den Jagdaktivitäten der Landesfürsten zeugt auch heute noch das Museum im Jagdschloss Kranichstein. Es ist einen Ausflug wert – ebenso das angeschlossene „Bioversum", das Jung und Alt die Zusammenhänge der lokalen Natur – ganz unmittelbar – nahebringt.

Jagdschlossmuseum

Öffnungszeiten:
Sommer (01.04. – 31.10.)
Mi. – Sa. 13 – 18 Uhr
So./Feiertag 10– 18 Uhr
Winter (01.11. – 31.03.)
Mi. – Sa. 14 – 17 Uhr
So./Feiertag 10 – 17 Uhr

Bioversum

Öffnungszeiten:
Di. – Sa. 11 – 17 Uhr
So./Feiertag 10 – 18 Uhr
Nicht an Weihnachten und
Neujahr

Weitere Informationen:
www.jagdschloss-kranich-
stein.de

Heute residiert im Jagdhof das **Jazzinstitut Darmstadt**. Basis für den Bestand war die Jazzsammlung des bekannten Jazzkritikers und Produzenten Joachim-Ernst Berendt, die die Stadt 1983 kaufte. Das Institut ist seit 1990 in den Räumen des Kavaliershauses untergebracht. Die Wetter-Trompete auf dem Dach und die im September 2001 enthüllte Skulptur des Blues-Mundharmonika-Virtuosen Little Walter auf dem Jagd-

Das Jagdschloss Kranichstein – Zeugnis eines teuren Hobbys

hofplatz signalisieren auch nach außen die neue Nutzung des Gebäudes.

Im Gewölbekeller finden immer wieder hochkarätige Jazz-Konzerte statt. Ein Blick auf die Webseite des Instituts lohnt auf jeden Fall: www.jazzinstitut.de.

Die Bessunger Straße führt direkt zur Orangerie. Zuvor empfiehlt sich noch ein kleiner Abstecher in Richtung Norden: zum **Henkershaus** in der Niederstraße 2 an der Ecke zur Bessunger Straße. Es wurde 1744 gebaut. Im Haus wohnte die jeweilige Scharfrichterfamilie, zuletzt die Familie Schönbein. Der Henker war das ausführende Organ des Darmstädter-Bessunger Zentgerichts. Die Richtstätten verteilten sich über die Region: Auf dem Marktplatz in Darmstadt, auf dem Schießberg (heutige Kirche St. Ludwig, siehe Seite 23) oder auf dem Galgenberg im Wolfskehlschen Garten (siehe Seite 105) wurde gerichtet. Schon als das Henkershaus entstand, hielt die Bevölkerung ein wenig Distanz zur Zunft der Henker. Die Familienangehörigen heirateten daher auch meist untereinander. Der Grund: Da die Landesherren die Blutgerichtsbarkeit mehr und mehr an sich zogen, sah das Volk im Scharfrichter nur mehr einen Büttel der Obrigkeit. In karolingischen und mittelalterlichen Zeiten stand das Volk viel mehr hinter ihrem jeweiligen Henker. Die Distanz hielt aber auch die Menschen der Aufklärung nicht davon ab, in Scharen zu den Hinrichtungen zu eilen und sich am Schauspiel zu weiden.

Little Walter bläst die Mundharmonika

Über Generationen hinweg bewohnten es nur Angehörige eines Berufsstandes: das Henkershaus

Hintergrund: Mein Name ist Hase

Die Darmstädter sind die „Heiner" (siehe Seite 18), die Bessunger haben den Spitznamen „Lapping". Während die Herkunft des ersten Namens ungeklärt ist, ist die Entstehung des letzteren dokumentiert. „Lapping" kommt aus dem Französischen: „Lapin" heißt Kaninchen. Der erste Landgraf Georg I. pflanzte in Bessungen Mitte des 16. Jahrhunderts zahlreiche Kiefernwälder. Holz war seinerzeit der wichtigste Rohstoff. Zur Bereicherung der Hofküche wollte er in den Wäldern auch Kaninchen ansiedeln. Der erste Versuch scheiterte, er bereicherte nur den Speiseplan der heimischen Füchse. Der zweite Versuch 1577 glückte. Doch mit Meister Lampe verhielt es sich wie mit dem Zauberbesen: „Die Kaninchen die ich rief, ward ich nicht mehr los." Übrigens bis ins vergangene Jahrhundert hinein. Erst Industrie und Asphaltstraßen konnten die Plage eindämmen. Doch die Bessunger behielten bis heute ihren Namen.

Das Entstehen der **Orangerie** geht auf frühe Landflucht zurück. Regierungs- und Kammerpräsident Weiprecht von Gemmingen Hoprecht zog es hinfort vom hektischen Hofbetrieb in Darmstadt ins beschauliche Dörfchen Bessungen. 1688 kaufte er den Bessungern den Harnischhof ab. Landgraf Ernst Ludwig baute dieses Anwesen Anfang des 18. Jahrhunderts zur Orangerie aus – ebenfalls nicht gerade schonend fürs Portemonnaie.

Seinetwegen heißen die Bessunger Lapping: Landgraf Georg I.

Das **Orangerie-Schlösschen** geht auf Louis Remy de la Fosse zurück – jener, der für Ernst Ludwig gern auch das Darmstädter Schloss vergrößert hätte (siehe Seite 13). De la Fosse zeichnete auch für die Gartenanlagen verantwortlich und wollte den Park im Norden mit

Südländisches Flair in Hessen: der Orangeriepark

Gewächshäusern abschließen – was aber leider nicht bezahlt werden konnte. Heute wird das Orangerie-Schloss für Konzerte und Veranstaltungen genutzt. In der Nachkriegszeit bis 1972 war es Ausweichquartier für das Landestheater, da der Theaterbau im Krieg völlig ausgebrannt war.

Das Orangerie-Schloss für Veranstaltungen in würdiger Kulisse

Im Sommer verbreitet der Park mit seinen Palmen südländisches Flair. Den Winter überstehen die wärmegewöhnten Pflanzen in der Stadtgärtnerei. Früher überwinterten sie exklusiver, nämlich im Orangerie-Schlösschen. Das ehemalige landgräfliche Gewächshaus steht auch noch: Darin weilt heute das Restaurant – durchaus einen Besuch wert.

Wir verlassen die Orangerie und gehen die Seekatzstraße nach Osten. Dort erreichen wir den **Jüdischen Friedhof**. Landgraf Ernst Ludwigs Mutter Elisabeth Dorothea stimmte seiner Gründung 1680 zu. Seit 1709 werden die Toten der jüdischen Gemeinde Darmstadts in Bessungen beigesetzt. Während in den folgenden 100 Jahren die Situation der Juden äußerst problematisch war, veränderte sie sich 1820 durch die Verfassung und den Beginn der industriellen Revolution. Ein Monolith erinnert an die im Ersten Weltkrieg für das Deutsche Reich gefallenen Juden, zwei Gräberreihen an die Opfer des Nationalsozialismus.

Der Jüdische Friedhof

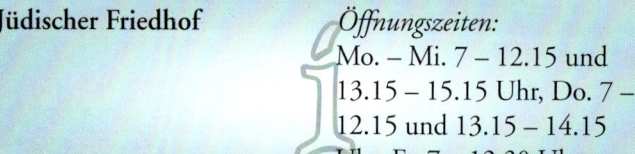

Jüdischer Friedhof

Öffnungszeiten:
Mo. – Mi. 7 – 12.15 und
13.15 – 15.15 Uhr, Do. 7 –
12.15 und 13.15 – 14.15
Uhr, Fr. 7 – 12.30 Uhr.

Eine der hübschesten Alleen: der Niebergallweg

Über den Rüthlcinweg gehт es in den **Niebergallweg**. Die kleine, hübsche Platanenallee führt direkt auf den Paulusplatz.

Rechter Hand – nicht zu übersehen – steht die **Pauluskirche**, eine der jüngeren Kirchen der Stadt. Friedrich Pützer erhielt 1904 den Auftrag zur Planung der Kirche mit Pfarr- und Küsterhaus. Am 1. November 1905 wurde der Grundstein gelegt, am 29. September 1907 feierte die Gemeinde die Einweihung ihres Gotteshauses. Den Innenraum der Kirche ließ Pützer 1905/07 mit geometrischem Jugendstildekor ausmalen. Es fiel den sich wandelnden theologischen Vorstellungen der Fünfzigerjahre zum Opfer und wurde weiß überstrichen. Die Orgel ist mit 53 Registern ausgestattet und wurde im Jahr 1969 eingebaut. Im Kirchengebäude finden regelmäßig Konzerte und andere Veranstaltungen statt.

Die Pauluskirche, eine der jüngeren Kirchen

Der Pfarrer der Paulusgemeinde wirkt in unmittelbarer Nähe seines – irdischen – Arbeitgebers: Auf der westlichen Seite des Paulusplatzes ist seit 1959 Sitz der **Verwaltung der Evangelischen Kirche in Hessen und Nassau**. Der Bau ist das architektonische Pendant zur Pauluskirche. 1944 wurde er im Dachbereich erheblich beschädigt, später aber originalgetreu wieder aufgebaut.

Der Entwurf für das Gebäude entstand 1905, allerdings nicht für kirchliche Zwecke: Ursprünglich beherbergten die Mauern die **Hessische Landeshypothekenbank**. Der junge Architekturprofessor Paul Meißner setzte entgegen dem damaligen Trend weniger auf architektonischen Schmuck und kostspielige Baustoffe, sondern mehr auf ausgewogene Proportionen. Zwei allegorische Figuren über dem Eingang symbolisieren heute noch die ursprüngliche Bestimmung des Hauses: der Fürst mit dem Zepter und der Kämmerer mit dem Geldsäckel.

Der Weg folgt weiter dem Niebergallweg nach Norden – bis zum Ilse-Langner-Platz. Dort erhebt sich linker Hand eine burgähnliche Villa, das „**Haus Haardteck**". Das Gebäude wurde 1898 nach Plänen von Heinrich Metzendorf für Dr. August Weber gebaut. Der war der Präsident des Verwaltungsgerichtshofes und gleichzeitig der Schwiegersohn der Fabrikantenfamilie Merck, Besitzer des gleichnamigen Darmstädter Arzneimittelkonzerns. Das brachte dem Haus im Volksmund den Spitznamen „Pillenburg" ein.

Im historischen Stil kombinierte Metzendorf alle mittelalterlichen Baustile: Die Rundbogenfenster im bergfriedähnlichen Turm entstammen der Romanik, die spitz zulaufenden Fenster im Erker und die Treppengiebel auf der Nordseite und am Pförtnerhäuschen entlehnte er der Gotik. Torbogen, Fachwerk und der kleine Eckturm am Pförtnerhaus gehören zur Architektur mittelalterlicher Burgen. Zu den schönen Details zählt das Sandsteinrelief auf der Nordfassade, das einen Drachentöter zeigt. Heute wird das Haus von der Deutsch-Baltischen Landsmannschaft genutzt, die es Reinhard-Zinkann-Haus nennt.

Die „Pillenburg" – gelungener architektonischer Stilmix

Von der Pillenburg geht es Richtung Westen den **Herdweg** entlang. Der Weg auf der Anhöhe zwischen Stadt und Paulusviertel war ursprünglich ein Viehtriebweg, den die Bessunger nutzten, um ihre Herden auf die Nachtweide zu treiben. Am Herdweg endete 1900 die Bebauung der Stadt.

Wir biegen rechts in den **Wolfskehlschen Garten** ein. An jener Stelle, an der heute die Kinder des Darmstädter Waldorfkindergartens spielen, wurden einst Menschen gehenkt. Dort, wo im nördlichen Teil das

Ein Drachentöter vor dem Fenster erspart die Alarmanlage

Wo einst der Galgen stand: Teehäuschen im Wolfskehl- schen Garten

Teehäuschen steht, stand ursprünglich der Galgen. Er war die zentrale Richtstätte für das Darmstädter-Bessunger Landgericht. Der „Galgenberg" lag zwischen den damals noch selbständigen Orten. Anstelle der mittelalterlichen Richtstätte erbaute Apotheker Girsch ein Gartenhäuschen. Um 1800 kaufte die Familie Wolfskehl dort einen Garten. 1898 plante Gustav Jacobi eine herrschaftliche Villa und ein parkartiger Privatgarten im Stil der Zeit entstand. Im Krieg wurde bis auf das Gartenhaus alles zerstört. Seit 1954 ist der Garten im Besitz der Stadt.

Unweit davon steht, nein – *thront* die „**Darmstadtia**". Die Figur aus rotem Sandstein ist die Schutzpatronin der Stadt, mit Stadtkrone, Schwert und Schild mit Stadtwappen. Sie ist eine Kopie. Das Original aus gelbem Sandstein, früher auch „Hassia" genannt, stammt von Johann Baptist Scholl d. J. und entstand 1864. Sie fand zuerst ihren Platz als Brunnenskulptur auf dem Ludwigsplatz. 1905 musste sie dem Bismarck-Denkmal von Ludwig Habich weichen (siehe Seite 23) und wurde 1906 auf den Taunusplatz versetzt. Nach dem Zweiten Weltkrieg war die Skulptur lange

Darmstadtia – die Schutz- patronin der Stadt

verschollen. Nachdem sie wiederentdeckt und restauriert wurde, hat man sie 1983 im Keller des „Alten Pädagogs" aufgestellt. Wer in dem Restaurant im Keller des ehemaligen Schulhauses (Pädagogstraße 5) speist, kann ihr „Guten Tag" sagen.

Wir verlassen den Wolfskehlschen Garten und gehen die Karlstraße weiter. Direkt an der Ecke zur Goethestraße steht der imposante gläserne Neubau der **Galerie der Schader Stiftung**. Nachdem das Hessische Landesmuseum wegen Restaurierung bis 2013 geschlossen ist, zeigt es unter anderem in Kooperation mit der Schader Stiftung immer wieder Ausstellungen zu verschiedenen Kunstthemen. Aktuelle Ausstellungen sowie Öffnungszeiten entnimmt man deren Internetseite: www.galerie.schader-stiftung.de

Galerie der Schader Stiftung – ein Hort der Kunst

Die Straße führt uns weiter bis zum Freiberger Platz. Dort kann man im Café Godot einen Cappuccino trinken – und den **Bessunger Leuchtturm** bestaunen. Der Urleuchtturm wurde 1909 an dieser Stelle aufgestellt. Das war zu der Zeit, als die Straßenbeleuchtung in Bessungen nach dessen Zusammenschluss mit Darmstadt ausgebaut wurde. Der Leuchtturm hatte eine achtflammige Gaslaterne –

Einen Cappu im Godot? Keine Angst, so lange lassen sie einen nicht warten

und leuchtete damit den Pärchen, denen der Turm als beliebter Treffpunkt diente. Im Krieg wurde er zerstört. Erst 1979 stellte die Stadt einen neuen „Liebesturm" auf, wie er damals von den Bessungern genannt wurde.

Vom Freiberger Platz gehen wir die Herrmannstraße hinunter. Linker Hand taucht der **Prinz-Emils-Garten** auf. Dieser Park wurde im Stile eines englischen Landschaftsgartens im Jahre 1775/76 vom Dieburger Gartenarchitekten Nikolaus Andreas Sichert als Lustgarten für Minister Friedrich Karl Freiherrn von Moser angelegt. 1780 erwarb Großherzog Ludwig I. den Garten, 1830 erhielt ihn Prinz Emil, nach dem das Grün heute benannt ist. Seit 1927 gehören Park und Schlösschen der Stadt Darmstadt.

Hintergrund: Des Finanzministers Knochenjob

Friedrich Karl Freiherr von Moser hatte einen verdammt harten Job, als ihn Landgraf Ludwig IX. 1772 zum Ersten Minister, Präsidenten aller Landeskollegien und Kanzler berief. Der Grund: Der knapp Fünfzigjährige sollte das in Ordnung bringen, was des Landgrafen Vater und Großvater – genau, unser Ernst Ludwig – in tiefes Rot getaucht hatten: die Landesfinanzen. Die Landgrafschaft war quasi bankrott. Moser war gut: Er setzte den Rotstift an und gründete unter anderem die deutsche Ökonomische Fakultät in Gießen (1777). Damit machte er sich nicht nur Freunde. Auch Ludwig IX. wurde es zu bunt, als Moser ihm die Gelder für ein neues Regiment verweigerte. 1782 wurde Moser des Landes verwiesen, nach langem Rechtsstreit jedoch rehabilitiert. Finanzminister hatten es auch schon vor 200 Jahren nicht leicht.

Brachte die Finanzen des Landes in Ordnung: Friedrich Karl Freiherr von Moser

Der 1934 zugeschüttete Teich im Prinz-Emil-Garten wurde Ende der Achtzigerjahre wiederhergestellt und auf der Teichinsel ein kleiner schmiedeeiserner Pavillon errichtet. Das **Gartenpalais** ist deutlich älter und stammt aus barocker Zeit. 1775 bis 1778 wurde es durch Johann Martin Schuknecht erbaut. Im Nationalsozialismus war das Schlösschen Heimstatt des „Bundes Deutscher Mädel", dem Mädchen-Pendant der Hitlerjugend. In der Brandnacht 1944 brannte auch dieses Gebäude völlig aus, Innenausstattung und Wandmalereien wurden komplett zerstört. Ab 1946 wurde es von amerikanischen Quäkern wieder aufgebaut. Von hier aus leistete diese Gruppe seit 1947 Nachbarschaftshilfe. Sie verteilte Kleider und Lebensmittel an jene, die durch den Krieg alles verloren hatten. Auch heute noch ist das Schlösschen ein Nachbarschaftsheim.

Am Minigolfplatz vorbei geht es über die Eichwiesenstraße zur Bessunger Straße – an den Forstmeisterplatz, von dem aus

Idylle mitten in der Stadt – Teich im Prinz-Emils-Garten

Das Nachbarschaftsheim im Prinz-Emils-Garten

wir den Rundgang begonnen haben. Und wer jetzt hungrig ist, dem sei ein gutes Mahl im Restaurant Belleville auf dem Jagdhofgelände empfohlen.

Mit einem Bein im Knast –
Mit Schutzmann Heil
rund um den Woog

Mit einem Bein im Knast –
Mit Schutzmann Heil rund um den Woog

Darmstadt ist sicher keine Metropole, was Kriminalität angeht. Für das Jahr 2008 weist die Kriminalstatistik keinen einzigen Mord in der Stadt auf. Doch auch hier gab und gibt es sie – die kleinen und großen Verstöße gegen Recht und Ordnung. Mal mit Augenzwinkern, mal mit tiefem Ernst führt diese Route entlang der Schauplätze von Mord und Totschlag, Exhibitionismus und Betrug.

> **Länge**: Gut 3 Kilometer
> **Strecke**: Laufen durchs Stadtgebiet, keine Steigungen.

Anfahrt:

🚌 L, Haltestelle „Woog"

Unsere Route beginnt bei einer kleinen Besonderheit, die nur wenige andere Städte aufweisen können: einem Badesee

mitten in der Stadt. Auf den ersten Blick wirkt der **Große Woog** recht ruhig. Selbst bei Sturmtiefs ist seine Brandung kaum lebensgefährlich. Er wurde Mitte des 16. Jahrhunderts angelegt, zunächst als Fischteich, als Feuerlöschteich und als gleichmäßiger Zufluss zu den unterhalb stehenden Mühlen. Offiziell gebadet wird im See seit 1828. Damals übrigens noch strikt nach Geschlechtern separiert. Rote Fähnchen im Wasser trennten das Männerterrain von jenem der Frauen. Um Grenzübertretungen – oder vielmehr -überschwimmungen zu verhindern, war eigens ein städtischer Ordnungshüter abgestellt: **der Schutzmann Heil**.

Der Woog – ein Badesee mitten in der Stadt

Heutzutage können es vor allem Darmstädter Krimiautoren nicht lassen, den See zum Ort des Bösen zu machen: In

Hintergrund: Ordnung im Wasser
Schutzmann Heil lebte von 1852 bis 1931. Er sorgte für Ordnung im Woog, nein, er war das Ordnungsprinzip schlechthin. Wenn sich etwa ein Schwimmer in den Damenbereich verirrte, dann pfiff der Schutzmann. Damit er in voller Montur den Schwimmenden gegenüber nicht benachteiligt war, hatte er ein Boot, mit dem er auch badende Ordnungsignoranten zur Räson rufen konnte. „Nur durch geschicktes Schwimmen und Untertauchen konnte man dem flinken Ruderer entkommen", schreibt ein Zeitgenosse.

Die Ordnungsmacht am und im Wasser: Schutzmann Heil

Tod eines Schülers – hier nur fiktiv

Christian Gudes „Mosquito" liegt ein Mordopfer bereits seit dem Zweiten Weltkrieg im Schlamm des Sees, in Rainer Witts „Kopfschuss" wird eine Frauenleiche aus dem See geborgen und in „Schattenwasser" vom Autor dieses Stadtführers landet zumindest ein Fahrzeug im Wasser. Diese Art der kriminellen Autoentsorgung ist jedoch leider keineswegs reine Fantasie … Echte Vergehen im Woog – auch die gibt es: Goethe – ja, der Dichter – badete mit Freunden im Mai 1775 im Adamskostüm tagsüber im See. Es war sicher ein großer Spaß, aber zu damaliger Zeit auch ein Rechtsverstoß. Weshalb der Dichter auch am kommenden Tag Darmstadt unfreiwillig und überstürzt verlassen musste.

Um den Woog herum führt der Weg zum **Ostbahnhof** und weiter an den Gleisen auf der Wolfskehlstraße bis zur Kreuzung Dieburger Straße. Hier ist der Ort, an dem 1980 Claus Wagner Selbstmord beging – zum Glück nur in dem fiktiven Sechsteiler „Tod eines Schülers" von Robert Stromberger. Wagner, gespielt von Till Topf, wirft sich vor einen Zug, der vom Ostbahnhof kommt. Jede

Folge beschreibt diesen Suizid aus anderer Perspektive, jener von Kriminalpolizei, Eltern, Lehrern, Mitschülern, der Freundin und schließlich Wagners selbst. Zwar war der Fall fiktiv – doch über den Zeitraum von 70 Tagen nach Erstausstrahlung stieg die Suizidhäufigkeit im Bahnbereich bei 15- bis 19-jährigen männlichen Jugendlichen ganz real um 175 Prozent.

An derselben Ecke, auf der anderen Seite der Gleise, befindet sich der **Biergarten**, im Sommer beliebter Treffpunkt von Jung und Alt. Unter dem Schatten großer Kastanien lässt sich gut ein kühles Bier, ein „Sauergespritzter" oder auch eine Apfelschorle genießen. Weniger sonnig geht es indes unter dem Biergarten zu: Von hier aus verzweigen sich die sogenannten „**Katakomben**" im Untergrund. Das System unterirdischer Felsenkeller diente ab dem 19. Jahrhundert als Kühlkeller für die Darmstädter Brauereien. Mit einer konstanten Temperatur von etwa 9 Grad war es der perfekte Kühlschrank. Im Eisdom, gespeist mit Eis vom Woog, konnte das Bier auch noch weiter heruntergekühlt werden.

Der Zugang zur Unterwelt

Die Katakomben Darmstadts: ein verzweigtes Netz von Felsenkellern

> **Tipp: Ein Besuch der Darmstädter Katakomben**
> Die unterirdischen Felsenkeller können während der Som-
> mermonate besichtigt werden. Aktuelle Termine finden Sie
> auf der Webseite des Biergartens: www.biergarten-darm-
> stadt.de

Kriminell genutzt wurden die Keller jedoch von den Nazis.
Oberirdisch hatte das Bann 15 der SA seinen Sitz, unterirdisch
nutzte es die Keller als Gefängnis. Schreie der Gefolterten dran-
gen nur schwerlich an die Erdoberfläche. Im Zweiten Weltkrieg
retteten die Keller schließlich auch Leben: Sie dienten der
Bevölkerung als Luftschutzräume während der Bombenhagel.
1.567 Luftalarme und 35 Bombardements mussten die Ein-
wohner der Stadt über sich ergehen lassen.

Folgen wir der Dieburger Straße, gelangen wir wieder zu
Orten fiktiver Verstöße: Hier spielen Szenen der ZDF-Fernseh-
serie „Diese Drombuschs", gedreht zwischen 1983 und 1994.
Der Autor: ebenfalls Robert Stromberger. Günter Strack als
Ludwig Burlitz und Witta Pohl als Vera Drombusch waren die

Das Alice-Hospital – Schauplatz bei „Diese Drombuschs"

Hauptdarsteller. Letztere arbeitete in der dritten und sechsten Staffel im **Alice-Hospital**. Das Gebäude wurde 1936 erbaut. Vor dem Krankhaus liegt die Stelle, an welcher Holger Kretschmar mit seinem Fahrrad Frau Werbelhoff zu Fall bringt. Die kriminelle Energie des Radlers ist dabei jedoch weitaus geringer als die kinetische seines Fahrrads …

Gegenüber der Unfallstelle befindet sich die Pizzeria „**Lokales**", in der Oma Drombusch und Frau Werbelhoff vor dem Unfall eine Pizza kaufen. Die Historie des Lokal(e)s reicht natürlich nicht so weit in die Vergangenheit wie jene des Hospitals. Doch mit über 30 Jahren ist das Restaurant inzwischen auch Urgestein in der Szene. Und die Pizzen sind – nur am Rande bemerkt – nach wie vor richtig lecker. Sämtliche Aufnahmen der „Drombuschs" wurden tatsächlich vor und in den Räumlichkeiten des Krankenhauses und der Pizzeria gedreht.

Pizzeria „Lokales" – seit dreißig Jahren lecker

Hintergrund: „Du Darmstädter!"

Die Darmstädter sind, wenn sie schimpfen, oftmals nicht zimperlich in ihrer Wortwahl. Die Franzosen auch nicht. Denn für die war dereinst der „Darmstädter" ein Schimpfwort. Das Spottwort leitete sich von den in Paris lebenden Emigranten – sprich: Wirtschaftsflüchtlingen – aus dem Großherzogtum Hessen-Darmstadt ab. „Leider fegen eben fast nur deutsche Hände den Franzosen ihre Hauptstadt rein", schrieb Schriftsteller und Journalist Julius Rodenberg 1867, als er die Weltausstellung in Paris besuchte.
Wie das Wort ausgesprochen wurde, ist jedoch nicht überliefert.

Die Badende von Bernhard Hoetger

Wir biegen nach links in die Stiftstraße – und sehen auf der rechten Seite eine Plastik von Bernhard Hoetger: **„Die Badende"** Er schuf sie 1911/12 aus Muschelkalk. Kriminelle Energie geht von ihr nicht aus – wird jedoch leider oft an ihr ausgelassen: Besprüht mit Farbe musste sie auch schon wochenlang kopflos im Regen stehen, bis sie wieder für viel Geld restauriert wurde.

Sie steht gegenüber dem 1954 gebauten **„Ledigenwohnheim"**. Es wurde im Darmstädter Volksmund eher despektierlich „Bullenburg" genannt. Doch auch schon damals kamen in den winzigen Appartements Familien unter. In den Blickpunkt der Kriminalpolizei rückte der Bau am 4. Dezember 1989: Am 30. November töteten Terroristen der RAF den Vorstandssprecher der Deutschen Bank, Alfred Herrhausen, mit einer Bombe. Die Spur führte vom Tatort nach Darmstadt: Das Fluchtfahrzeug, ein weißer Lancia, hatte zuvor mehrere Tage vor dem Appartementhaus gestanden. Die Beamten durchkämmten die rund 140 Wohnungen – jedoch vergeblich. Bis heute ist die Täterschaft nicht geklärt.

Das Ledigenwohnheim – oder die „Bullenburg"

Die Pützerstraße entlang, dann nach

rechts in die Erbacher Straße abbiegen: Hier sehen wir die Hofeinfahrt, die zu drei Kneipen führt, zum „Low Brow", „Green Sheep" und „Red Barn". Das Hoftor zeigt sympathisch die Protagonisten der Schänken. Jennie Bödeker, „Die Gräphin", Darmstädter Künstlerin, hat das Trio auf dem zuvor unansehnlichen Metalltor platziert. Das „**Green Sheep**" bietet nicht nur Krimi-Autoren geistige Anregung mit guten Irish Wiskys. Sicher auch nicht ganz zufällig: Bis 1999 firmierte das „Red Barn" unter dem Namen „Jailhouse" Gefängnis, was im Inneren stilecht umgesetzt worden war.

Zugang zu drei Kneipen – zu sehen ihre stilisierten Eigner

„Green Sheep" und „Red Barn" bei Nacht – inspirierend für Krimis

Abstecher: Ein Stück die Merckstraße nach Norden, dann in die Mauerstraße – und nach 100 Metern findet sich auf der rechten Seite das Achteckige Haus.
Heute beherbergt es den Jazzklub, früher war es ein winziges Hospital. Und im letzten Drittel des 18. Jahrhunderts wurde es zur Heimstatt für die Mätresse des regierenden Landgrafen.

Das Achteckige Haus. Einst Mätressenwohnstatt, heute Jazzklub

Das alte Gefängnis in der Runde-turmstraße ...

... mehr ist davon heute nicht mehr übrig

Die Merckstraße nach links und gleich weiter in die Runde-turmstraße nach rechts: Hier stehen wir vor dem, was vom ehemaligen **Darmstädter Ge-fängnis** noch übrig ist. Namens-geber der Straße ist der ehema-lige „Runde Turm" der Stadtbefestigung, der bis ins 19. Jahrhundert als Kerker genutzt wurde. Nach dessen Abriss wurde 1832 bis 1834 das Gefängnis errichtet und später noch erweitert.

Berühmtester In-sasse war wohl Fried-rich Ludwig Weidig. Er war ein Wegge-fährte Georg Büch-ners und Mitheraus-geber des „Hessischen Landboten". Er enga-gierte sich für ein vereinigtes und demo-kratisches Deutsch-land – was ihn 1835 ins Gefängnis brachte. Nach knapp zwei Jahren ertrug er die zermürben-den Haftbedingungen und Misshandlungen nicht mehr länger und beging Selbstmord.

Zahllose politische Gefangene füllten auch im Dritten Reich die Zellen. Für viele

Insassen war es der Ausgangpunkt für die Deportation. 1970 wurde der Bau abgerissen.

Von der Rundeturmstraße biegen wir links in die Fraunhoferstraße ein bis zur Landgraf-Georg-Straße. Wir überqueren sie und stehen nun vor dem **Jugendstilbad**. Es wurde 1909 fertiggestellt. Zu der damaligen Zeit war es gerade in der Altstadt nicht selbstverständlich, im Haus eine Badewanne zu haben. 37 Wannenbäder gaben den Menschen die Möglichkeit,

Kämpfte und starb für Gerechtigkeit: Friedrich Ludwig Weidig

hygienischer zu leben. Dem aufkeimenden Hygienebewusstsein wurde auch durch ein Hundebad Rechnung getragen. Das alte Hallenbad, wie es in Darmstadt auch genannt wird, wurde von 1907 bis 1909 von August Buxbaum konzipiert. Nach umfangreichen Restaurierungsarbeiten erstrahlt das Jugendstilbad seit 2008 wieder in seinem alten Glanz – mit einem modernen Anbau. Dabei bietet das Bad heute nicht nur Schwimmbecken – es ist gleichzeitig Spaßbad, Wellness-Oase und Saunalandschaft.

Ein Ort zum Wohlfühlen: das Jugendstilbad

Jugendstilbad Darmstadt
Gerade für Kinder bietet der SPA-Bereich viel Abwechslung.
Tel.: 06151/95156-0
Fax: 06151/95156-11

Internet: www.jugendstilbad.de

Öffnungszeiten:
täglich 10 – 22 Uhr – auch an Sonn- und Feiertagen.

An dieser Stelle wurden im Dritten Reich Bücher verbrannt

Kriminell ging es vor dem Bade zu: Eine Gedenkplatte auf dem Boden vor dem Haupteingang erinnert an die Bücherverbrennung. Am 21. Juni 1933 zog die NS-Studentenschaft nach der Sonnwendfeier zum Mercksplatz. Im Rahmen einer Kundgebung „wider den undeutschen Geist" verbrannten sie einige tausend Bücher wie auf einem Scheiterhaufen. Die Bücher stammten aus Haussammlungen und Hausdurchsuchungen. In einer Liste mit über 1.000 Buchtiteln waren die als „undeutsch" denunzierten Schriften erfasst. Zu den mit Darmstadt verbundenen Schriftstellern auf der Liste zählten Karl Wolfskehl, Fiedrich Gundolf, Elisabeth Langgässer, Georg Glaser und Carl Zuckmayer.

Entlang des Mercksplatzes und dann durch die **Rudolf-Mueller-Anlage** führt der Weg wieder zurück zum Woog. Einzige kriminelle Handlung hier ist vielleicht die stille Ignoranz einiger Hundehalter gegenüber dem Geschäft, das ihre Schützlinge auf Weg und Wiese hinterlassen haben. Ach ja – der Namensgeber der Anlage sollte auch nicht in Vergessenheit geraten: Rudolf Mueller war Oberbürgermeister der Stadt ab 1929. Vier Jahre später wurde er dank falscher Gesinnung von den Nazis abgesetzt. Und vor seiner kurzen Karriere als OB war er übrigens auch Polizist. Womit sich der kriminelle Kreis schließt.

Der Kleine Woog: Kleinod in der Rudolf-Mueller-Anlage

Lädt auch im Herbst ein zum Spaziergang: die Rudolf-Mueller-Anlage

Service

Willkommen in Darmstadt

Darmstadt ist – auch wenn mancher Heiner es sich wünscht – leider *nicht* der Nabel der Welt. Dennoch: Viel besser erreichen Sie kaum eine andere Stadt …

… mit dem Auto:
Nach Darmstadt kommen Sie über die Autobahnen
- **A5** Frankfurt/M. – Heidelberg/Basel und
- **A67** (Köln/Wiesbaden – Mannheim), die sich 3 km westlich der Stadt kreuzen, sowie über die
- **B3**, die an der Bergstraße entlangführt.

… mit der Bahn:
Darmstadt ist ICE-Station und Haltestation für IC-, EC- und Interregio-Züge im Nord-Süd-Verkehr. Im Nahverkehr ist Darmstadt an die Eisenbahnlinien
- Frankfurt/Main – Heidelberg bzw. Mannheim,
- Wiesbaden/Mainz – Aschaffenburg und
- Darmstadt – Eberbach (Odenwald)
angeschlossen.

… mit dem Flugzeug:
Der Flughafen Rhein-Main liegt 25 km entfernt und ist in etwa 20 Autominuten über die A5 zu erreichen.
Mit dem HEAG-Airliner kommen Sie bequem und ohne Auto vom Flughafen zum Hauptbahnhof.

Erste Anlaufstelle

Die Touristeninformation, in Darmstadt heißt sie „**Darmstadt Shop**", ist erster Anlaufpunkt. Sie sitzt mitten in der Stadt, im Luisencenter. Wenn man vor dem Center steht, ist diese Info-Zentrale an der linken Ecke.

Darmstadt Shop im Luisencenter
Touristinformation (Informationen, Tickets & Souvenirs)
Luisenplatz 5
64283 Darmstadt

Tel.: 06151/134513 (Touristinformation)
Tel.: 06151/134535 (Tickets)
Fax: 06151/134536
Mail: information@darmstadt.de

Sie möchten Ihren Besuch gezielt vorbereiten? Hier finden Sie die richtigen Ansprechpartner:
Wissenschaftsstadt Darmstadt Marketing GmbH
Im Carree 1
64283 Darmstadt

Touristikservice Individualreisen:
(Reservierung Hotelzimmer, Stadtführungen, Rahmenprogramme)
Tel.: 06151/134514
Fax: 06151/134519
Mail: tourist@darmstadt.de

Touristikservice Gruppenreisen:
(Reservierung Hotelzimmer, Stadtführungen, Rahmenprogramme, Restaurants)
Tel.: 06151/134511
Fax: 06151/134519
Mail: gruppen@darmstadt.de

Touristikservice Tagung & Kongresse:
(Reservierung Hotelzimmer, Stadtführungen, Rahmenprogramme, Event-Locations)
Tel.: 06151/134516
Fax: 06151/134519
Mail: tagungen@darmstadt.de

Virtueller Stadtführer

Darmstadt zum Sehen, Hören und Staunen – das bietet der Tomis Audioguide für die Stadt. Darmstadts Sehenswürdigkeiten warten darauf, von Ihnen entdeckt zu werden. Ganz ohne Stadtführer und ohne Zeitdruck. Stellen Sie sich Ihre individuelle Darmstadt-Tour nach Ihren Interessen zusammen. Das Einzige, was Sie dazu brauchen, ist der Stadtplan und ein Handy oder MP3-Player. Es handelt sich um einen kostenlosen Service von der Firma Tomis und der Wissenschaftsstadt Darmstadt Marketing GmbH. Sie zahlen lediglich die Verbindungsgebühren von Ihrem Handy ins deutsche Festnetz. Die Audiobeiträge dauern jeweils zwei bis drei Minuten. Weitere Informationen finden Sie auf der Tomis-Internetseite: www.darmstadt.tomis.mobi/

Die Touristeninformation befindet sich im Luisencenter am Luisenplatz

Darmstadt mobil

Öffentliche Verkehrsmittel

In der Stadt kann man sich ohne Auto sehr gut fortbewegen – oft besser als mit. Die Darmstadt-Dieburger Nahverkehrsorganisation (DADINA) organisiert und plant den Nahverkehr in Darmstadt. Aktuelle Fahrpläne aus Darmstadt und der näheren Umgebung finden Sie auch im Internet unter folgender Adresse: www.dadina.de/

Luisenplatz

Der Luisenplatz ist der Dreh- und Angelpunkt für alle Ausflüge innerhalb der Stadt. Alle Haltestellen, die in den Spaziergängen beschrieben sind, lassen sich ohne Umsteigen von hier aus erreichen.

Tickets kaufen

Darmstadt gehört zum „RMV", dem Rhein-Main-Verkehrsverbund. Das bedeutet: Sie können mit einem einzigen Ticket auch Orte jenseits von Darmstadt erreichen.

Mit Bus und Bahn schnell zum Ziel

Einzelfahrscheine ziehen Sie am Automaten. Wer nur innerhalb des Stadtgebiets fahren möchte, drückt auf die Taste „Darmstadt Mitte". In Bussen – nicht in den Straßenbahnen! – kann man Einzelfahrscheine auch beim Fahrer lösen.

Darmstadt Card

Die Darmstadt Card gilt für zwei Tage zum Preis von 9,00 €. Wer Darmstadt erkunden und näher kennen lernen möchte und links und rechts der beschriebenen Spaziergänge Darmstadtluft schnuppern möchte, kann dies nach Herzenslust tun.

Die Darmstadt Card beinhaltet auch Ermäßigungen für zahlreiche kulturelle Einrichtungen und Museen. Der ermäßigte Eintritt gilt für: Museum Jagdschloss Kranichstein, Kunsthalle Darmstadt, Museum Künstlerkolonie Darmstadt, die Russische Orthodoxe Kirche der Hl. Maria Magdalena, Hochzeitsturm, Wella Museum, Vivarium Darmstadt, Eisenbahnmuseum, Altstadtmuseum Hinkelsturm und viele weitere Einrichtungen.

Auch für die Komödie „TAP", das halbNeun Theater, die Citydome-Kinos sowie das CinemaxX bietet die Darmstadt Card Ermäßigungen.

Mit der Darmstadt Card können Sie kostenlos alle öffentlichen Verkehrsmittel innerhalb Darmstadts (Tarifzone 40) nutzen.

Erhältlich ist sie im Darmstadt Shop im Luisencenter, Luisenplatz 5, Tel. 06151/134513

Parken in Darmstadt

Es stehen genügend Parkhäuser zur Verfügung, wenn das Vergnügen auch nicht ganz billig ist: Der Standardpreis beträgt € 1,50 pro 45 Minuten. Einige Parkhäuser bieten zu bestimmten Zeiten auch Sonderpreise. Hier die wichtigsten Parkhäuser in der Innenstadt:

Tiefgarage Luisencenter/CITY CARREE
Einfahrt: Rheinstraße, Wilhelminenstraße, Luisenplatz, Cityring
Öffnungszeiten: 24 h

Tiefgarage Wilhelminenpassage
Einfahrt: Wilhelminenstraße, Cityring (Tunnel)
Lage: Fußgängerzone
Öffnungszeiten: 6 – 24 Uhr (So. geschlossen)

Parkhaus Ludwigsplatz/LP 6
Einfahrt: Hügelstraße
Lage: Fußgängerzone
Öffnungszeiten: Mo. – Fr. 6 – 0.15 Uhr (Sa. und So. 24 h)

Parkhaus Grafenstraße

Einfahrt: Grafenstraße 31

Lage: Fußgängerzone Randlage

Serviceangebote: Regenschirmverleih, Serviceloge

Öffnungszeiten: 24 h

Tiefgarage Darmstadtium

Einfahrt: Alexanderstraße

Lage: am Rand der Fußgängerzone

Serviceangebote: Regenschirmverleih, Serviceloge

Öffnungszeiten: 24 h

Für den **Spaziergang Nummer** 4 empfiehlt sich:

P + R Parkhaus am Hauptbahnhof

Einfahrt: Robert-Bosch-Straße 15

Öffnungszeiten: 24 h

Kinder

Darmstadt hat auch für Kinder etwas zu bieten. Neben den in den Spaziergängen schon erwähnten Attraktionen sollten auch die folgenden nicht unerwähnt bleiben:

Vivarium

Das Vivarium Darmstadt ist ein kleiner Zoo in der südhessischen Stadt. Es besteht seit 1965 und zeigt auf zirka vier Hektar Fläche über 700 Tiere, die zu mehr als 150 Arten gehören.

Das namensgebende Vivarium ist eine Aquarien- und Terrarienhalle, in der neben Fischen und Reptilien auch Amphibien, Insekten und Weichtiere gezeigt werden. Für Kinder interessant: Viele Menschenaffen und freilaufende – nein, freihüpfende Kängurus.

Vivarium Darmstadt
Schnampelweg 4
64287 Darmstadt

Eintritt:
Erwachsene € 4,50
Kinder, Schüler, Ermäßigte
€ 1,50

Öffnungszeiten:
täglich geöffnet
März 9 – 18 Uhr
April – September
9 – 19 Uhr
Oktober 9 – 18 Uhr
November – Februar
9 – 17 Uhr
Kassenschluss jeweils
1 Stunde früher

Anfahrt:
Luisenplatz mit dem Buslinie K bis Haltestelle „Botanischer Garten/Vivarium".

Leos Spielpark
Der große Indoorspielplatz hält viele Überraschungen für die Kinder aller Altersklassen bereit. Die Kids springen auf Trampolinen und in den Hüpfburgen. Riesenrutsche und Kletterge-

rüst, Mini-Kartbahn, Fußballplatz oder Kletterberg – das Wetter spielt in der Halle keine Rolle.

Die Eltern können mitspielen, im angrenzenden Gastronomiebereich einen Kaffee zu trinken oder sich einfach entspannen.

Leos Spielpark
Landwehrstr. 75
Darmstadt
Tel.: 06151/9576560
Fax: 06151/9576562
www.leos-spielpark.de

Öffnungszeiten:
Mo. – Fr. 14 – 19 Uhr
Sa. und So. 10 – 19 Uhr
In den Ferien 10 – 19 Uhr

Eintritt:
Erwachsene €3,-
Kinder (1 – 3 J.): €3,80
Kinder (4 – 14 J.): €6,50

Kletterwald Darmstadt

Direkt am Hochschulstadion und dem Böllenfalltor liegt der Kletterwald Darmstadt am Fuße des Odenwaldes – ein riesiger Hochseilgarten direkt vor den Toren der Stadt.

Verschiedene Schwierigkeitsstufen für große und kleine Kletterer ab 4 Jahren können sich an 20 spannenden Elementen auf 1,50 bis 1,80 m Höhe austoben. Kinder können ab 8 Jahren in die hohen Parcours einsteigen. Allerdings dürfen Kinder von 8 bis 11 Jahren nur in Begleitung von einem Erwachsenen auf die Bäume. Es ist möglich, dass hierbei ein Erwachsener jeweils 2 Kinder in der Höhe betreut.

Kletterwald Darmstadt
Atzwinkelweg
64287 Darmstadt
Tel. Büro: 0611/5802246
Tel. Kasse: 0160/97083142
www.kletterwald-darm-stadt.de

Öffnungszeiten:
April – Oktober,
außerhalb der Ferien: Mi., Do., Fr. ab 13 Uhr,
während der Ferien (Hessen): Mo. – Fr. ab 10 Uhr, Sa., So., Brücken- und Feiertage ab 10 Uhr

Schulklassen: Mi., Do., Fr. ab 9 Uhr (nach Vereinbarung)
Familientag (2 Erwachsene mit bis zu 3 Kindern): jeden Donnerstag

Eintritt:
zwischen € 10 und € 18
Familientickets können gelöst werden

Kinder- und Jugendfarm Darmstadt e.V.
Hier finden Sie Erlebnispädagogik für Kinder und Jugendliche auf einem großen Gelände mit Koppeln, Schafweiden, Feuchtbiotop, Garten mit Fühl- und Tastpfad und Spielplatz.

Kinder können unter Anleitung Tiere füttern und streicheln: Ziegen, Schafe, Kaninchen und Meerschweinchen. Es gibt auch Ponyreiten.

Auf dem Gelände gibt es den Spielplatz mit Pippi-Langstrumpf-Pfad, Rutsche, Schaukel und Klettergerüst, Basketballkorb, Tischtennisplatte, Kutsche zum Selbstziehen, Seifenkisten, Sandkasten und Dreirädchen für kleine Kinder.

Kinder- und Jugendfarm Darmstadt c.V.
Maulbeerallee 59
64291 Darmstadt
Am Telefon am besten morgens zwischen 8 und 9 Uhr:
Helga Feyerabend
Tel.: 06151/781954
E-Mail:
M.Feyerabend@gsi.de

Öffnungszeiten:
Für nicht angemeldeten Besuch ist Mittwoch, Freitag und Samstag von 15 bis 18 Uhr geöffnet.
An Sonn- und Feiertagen ist jeweils geschlossen

Anfahrt:

Darmstadt-Arheilgen, gegenüber der Firma Merck, Haltestelle „Merck", Straßenbahnlinie 6 und 8.

Nachwort

Die Darmstadtliteratur füllt in meiner Schrankwand inzwischen einige Regalbretter. Manchmal packt mich Freude darüber, manchmal die Verzweiflung, besonders wenn drei Quellen vier Varianten einer Geschichte erzählen. Aber das macht die Sache auch spannend und weckt den Forscher in mir. Dank gebührt nicht nur den Helfern aus Papier, sondern auch denen aus Fleisch und Blut: Ich möchte den Mitarbeitern des Denkmalamtes danken, jenen des Staatsarchivs und des Stadtarchivs und auch des Societäts-Verlags.

Ein ganz besonderer Dank geht an meine Mutter. Ohne deinen Blick, deine Fotos und den Austausch mit dir wäre dieses Buch nicht halb so gut geworden.

Auch dir, werte Dulcinea, Dank für das offene Ohr und die Geduld und das Gegenlesen. Hans-Joseph gebührt ebenfalls Dank. Er war der ultimative Gradmesser, ob ein Spaziergang auch mit Hund zu absolvieren ist.

Und zuletzt – ein Dank an die Stadt, in der ich wohne? Warum eigentlich nicht. Denn sie gibt mir, was im globalen Dorf nicht mehr selbstverständlich ist: ein Stück Heimat.

Michael Kibler

Bildnachweis

Amt für Wirtschaft und Stadtentwicklung Darmstadt (A. Deppert): 8, 26, 63, 69

Denkmalamt der Stadt Darmstadt: 14, 19 unten, 20, 25, 34, 80 unten,

Deutsche Bundespost: 56 rechts

ESA: 83

ESA, J. Mai: 84

ESA, D. Ducros 2002: 85

HEAG mobilo, C. Rau: 128

Heiss, Nikolaus: 50 oben

Hessisches Staatsarchiv: 27, 109, 122 Mitte

Kibler, Michael: 2, 11 oben, 15, 16, 18, 19 oben, 34 unten, 35, 37, 38, 39, 40, 41, 42, 43 unten, 47, 51, 54, 58 oben, 60, 65 unten, 66, 67 oben, 68, 71, 72, 74, 76, 77, 78, 79, 80 oben, 81, 82, 83 oben, 86, 97, 88, 89, 90, 91, 112, 115, 117 unten, 121, 122 unten, 124, 125, 126, 130, 131, 132, 134

Kibler, Ingeburg: 11 unten, 12, 13, 17, 21, 23, 24, 28, 29, 33 unten, 36, 45, 46, 48, 49, 50 unten, 52, 57, 59, 61, 64, 65 oben, 67 unten, 70, 92, 95, 98, 99, 100 unten, 101, 102, 103, 104, 105, 106, 107, 108, 110, 111, 116 unten, 117 oben, 118, 119, 120, 122

Lüdeling, Hanne: 30

Unbekannt: 44, 116 oben

Weitblick Naturerlebnis GmbH: 136

Wikimedia Commons: 123

Wikimedia Commons / digada.de: 100 oben

Wikimedia Commons / Friedland: 56 links

Wikimedia Commons / Heidas: 22, 43 oben

Wikimedia Commons / Hilsdorf, Jacob: 33 oben

Wikimedia Commons / LSDSL: 97

Peh & Schefcik, Eppelheim „Kartenmaterial": 10, 32, 55, 75, 95, 114

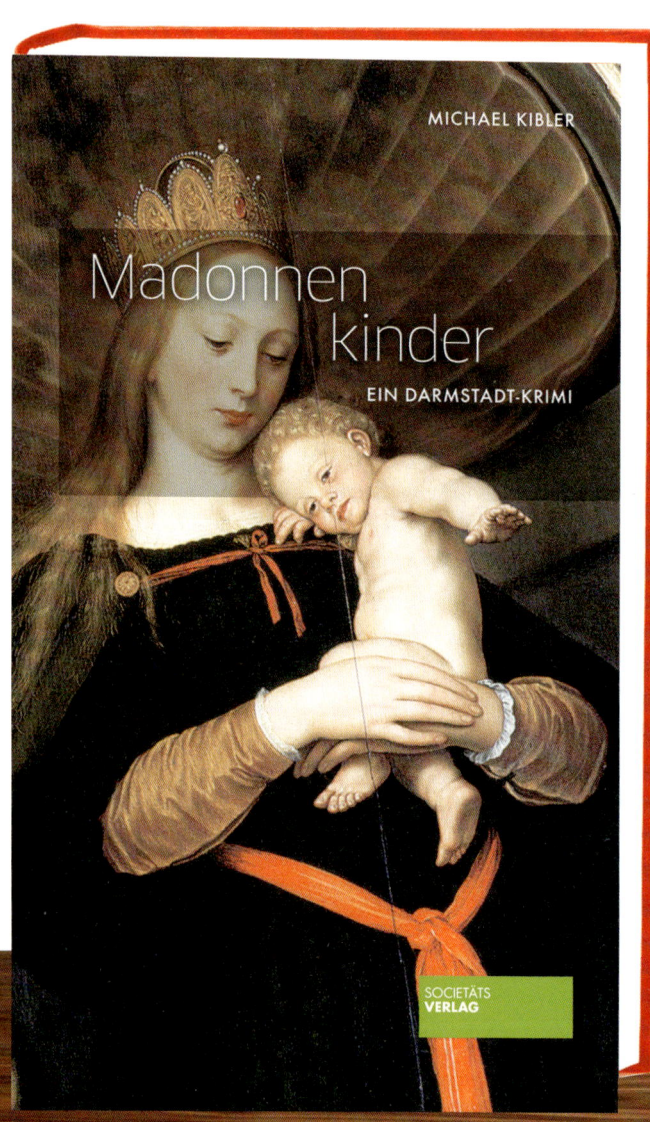

MICHAEL KIBLER

Madonnen
kinder

EIN DARMSTADT-KRIMI

SOCIETÄTS
VERLAG

SOCIETÄTS
VERLAG

FRANKFURTER SOCIETÄTS-
MEDIEN GMBH

Michael Kibler

Madonnenkinder

Ein Darmstadt-Krimi

In Darmstadt gibt es ein Treffen der sogenannten „Madonnenkinder": Kinder, die in den Jahren 1947 bis 1957 aus dem zerbombten Darmstadt zur Erholung nach Davos in die Schweiz geschickt wurden. Das Geld dafür stammte aus „Mietzahlungen" der Stadt Basel für das berühmte Madonnenbild von Hans Holbein, dem Jüngeren. Es könnte ein fröhliches Treffen werden, doch damals ist etwas geschehen, über das man lange nicht geredet hat – und bald schon kommt es zum ersten Mord.

Der erste Roman von Michael Kibler ist klug und voll hintergründiger Spannung. Er spielt mitten im Herzen von Darmstadt: Das Heinerfest bildet die Kulisse des Geschehens – Holbeins Madonna lächelt milde dazu.

„Kiblers Roman bietet nicht nur viel Spannung und wissenswerten Hintergrund, sondern auch eine spritzige, fassbare Sprache und unaufdring-lichen, doch durchgängig präsenten Humor."   Darmstädter Echo

„... für das heimische Publikum ein Vergnügen!"   F. A. Z.

192 Seiten, SmartCover / ISBN 978-3-942921-32-9 / 12,80 Euro

ÜBERALL IM BUCHHANDEL